# 세상을 바꾸는
# 여성 엔지니어 15

**연결: 언택트 시대의 새로운 콘택트**

세상을 바꾸는 여성 엔지니어 15

연결: 언택트 시대의 새로운 콘택트

**초판 1쇄 인쇄일** 2020년 11월 21일
**초판 1쇄 발행일** 2020년 11월 24일

**지은이** (사)한국여성공학기술인협회
**펴낸이** 양옥매
**디자인** 임흥순 임진형

**편집위원회**
**위원장** 나정은 연세대학교 교수
**위　원** 김효정 부산대학교 교수
　　　　　박신영 (주)DK에코팜 기술이사
　　　　　신외경 한국자동차연구원 센터장
　　　　　이지연 ㈜에프앤디넷 이사
　　　　　한정민 한국가스공사 수석연구원

**펴낸곳** 도서출판 책과나무
**출판등록** 제2012-000376
**주소** 서울특별시 마포구 방울내로 79 이노빌딩 302호
**대표전화** 02.372.1537　**팩스** 02.372.1538
**이메일** booknamu2007@naver.com
**홈페이지** www.booknamu.com
ISBN 979-11-5776-956-8(03330)

이 도서의 국립중앙도서관 출판예정도서목록(CIP)은 서지정보유통지원시스템
홈페이지(http://seoji.nl.go.kr)와 국가자료종합목록시스템(http://www.nl.go.
kr/kolisnet)에서 이용하실 수 있습니다. (CIP제어번호: CIP2020048112)

연결 : 언택트 시대의 새로운 콘택트

WOMEN ENGINEERS CHANGING THE WORLD 15

# 세상을 바꾸는
# 여성 엔지니어 15

(사)한국여성공학기술인협회 펴냄

책과나무

# 세·바·여는
# 한국여성공학기술인의 역사입니다

초대·2대 회장 **최 순 자**

인천아카데미 이사장(前 인하대 총장)

'호랑이는 죽어서 가죽을 남기고 사람은 이름을 남긴다.'라는 옛말이 기억납니다. 그러면서 한국여성공학기술인협회의 역사는 곧 '세상을 바꾸는 여성 엔지니어의 역사'라고 생각해 봅니다.

2004년 200여 명의 회원으로 출발한 한국여성공학기술인협회(당시 산업자원부의 여성공학인 육성 및 활용 정책에 힘입어)는 현재 1,900여 명으로 구성되었습니다. 특히 회원의 약 80%가 산업체 및 연구소 등에서 근무하는 것으로 나타나 지난 16년간 양적·질적 성장을 했다고 생각합니다.

창립 16주년을 맞이하는 협회가 세상을 바꾸는 여성 엔지니어[줄임말: 세·바·여] 15편을 출간하게 되어 축하드립니다. 세·바·여 1편은 2004년 한국공학한림원의 여성공학기술인 육성 정책과 궤를 같이하면서 공학한림원의 지원(당시 공학한림원 회장은 이기준 전 서울대 총장)으로 출간되었으며, 그 후 오늘날까지 산업자원부의 지원으로 출간되고 있습니다.

세·바·여는 산업체, 연구소, 교육기관 등에 근무하는 여성 공학인을 발굴하여 그들을 수면 위로 드러내게 함으로써 여성공학기술인으로서의 지속적 발전은 물론 이 사회 발전을 견인하는 버팀목으로 육성하는 목적으로 출발하였습니다. 그 결과, 한국 사회에서 일과 가정의 양립을 위한 각고의 노력, 남성 중심 사회인 공학 분야에서의 실패와 성공, 실패로부터의 교훈, 인간관계와 리더십 등 진솔한 경험을 공유하는 교과서가 되었다고 믿습니다.

한국 사회에서 여성 공학인으로 산다는 것은 아직도 어려움이 많습니다. 그러나 모든 사람의 삶이 그러하듯, 고달프지만 보람이 있고, 덥다가도 추우며, 외롭다가도 화기애애하고, 혼자인 듯하지만 여러 사람과 어울려 사는 삶 그 자체입니다.

세·바·여 15편은 물론, 지금까지 다양한 글을 써 주신 집필진 여러분! 여러분의 증언이 우리 후배들의 "the better career, the better life"의 초석이 되기를 바랍니다.

여러분, 고맙고 사랑합니다.

# '균형 있는 생활로 내 삶의 주인이 되자'
## 여성 공학인 후배들에게 주는 세 가지 조언

2대 회장 **이 영 희**

㈜KT 전무

나는 KT에서 1981년부터 2014년까지 33년간 근무했다. 회사가 공기업일 때부터 민영화되는 과정의 산증인으로 무엇보다 우리나라 통신의 발전 상황을 몸으로 체험한 셈이다. 처음에는 여성이 너무 희귀해서 조직 내에서 어려움도 많았지만 일과 가정을 양립하면서도 나름대로 많은 성과와 성취를 얻었으며, KT 여성의 최고위직으로서 자부심으로 갖고 근무하면서 KT 내부의 여성 직원들을 결속하고 리더십을 키우도록 인적 네트워크를 구성하고 격려하며 여성들이 회사의 여러 분야에서 기여하도록 함께 노력했다. 대외적인 활동도 적지 않게 했으며 여러 모임에도 참석하고 대내외적으로 강의도 했다.

임원 때에는 여러 대학에 특강에 다녀 그중 두 개 대학에서는 최고의 평가도 받았으며, 퇴임 전에는 회사의 신입과 중견 직원들을 대상으로 IT의 역사를 KT와 국내외 주요 회사들을 연대별로 정리하여 기술과 산업 및 주요 인물에 따른 변화와 의미를 강의하기도 했다. 퇴임 시에는 건강상 일을 그만하게 되었으나 넉넉해진 시간적 여유로 그간 소원했던 가정과 자녀와의 관계가 더욱 돈독해져 모든 일에는 양면성이 있음을 느낀다. 이제 과거를 돌아보면서 후배들에게 몇 가지 제언을 드리고 싶다.


## 1. 자신감과 용기로 자신의 역할을 찾기

자신이 하고 싶은 일을 구체적으로, 예를 들면 어떤 보직(인사 발령을 통해서 결정되는 일 등)을 원하는지 생각하고 원하는 대로 되기 위해 노력하는 것이 필요하다. 특히 남성 중심의 조직에서 훨씬 많은 정보와 네트워크를 갖고 있는 남성들의 경우에는 이러한 소통이 좀 더 자연스럽고 수월한 편이지만, 여성의 경우에는 인사철만 되면 막연하다. 알아서 해 주겠지 하는 생각을 하고 있다가 실망도 많이 하게 되고 라이벌들에게 밀리는 경우가 허다하다.

따라서 평시에도 자신의 역할과 그에 적당한 보직을 생각해 놓고 상급자 혹은 인사 관계자와 소통하는 것이 좋다. 드디어 조직과 인사가 임박하면 좀 더 관심을 갖고 적절한 사람을 찾아서 본인의 의사를 표현해야 한다. 조직에서 알아서 해 주리라고 생각하는 것은 금물이다. 나 아니라도 사람들은 이런저런 일로 너무 바쁘고 여유가 없기 때문에 말이 없는 사람까지 고려하는 경우는 매우 드물다. 여성의 경우에 자신에 관한 이런 의사 표현을 특히 꺼리는데 마음속으로는 당당하게, 자신감을 갖고 용기를 내서 말해야 한다. 내가 조직에 이러한 일로 기여하고 싶다고. 물론 남들이 보기에 어느 정도 합리적이어야 하겠지만.


## 2. 선택과 집중

여성의 경우에 가정 살림을 신경 써야 하는 비중이 아무래도 남성들보다 많다. 특히 자녀가 있는 경우에 자녀의 양육은 엄마가 주도적으로 하게 되는데, 이때 아이에게 엄마의 역할이 가장 클 수밖에 없다. 여러 가지 일로 인해서 시간과 에너지는 소진되고 분산되면서 어느 하나 집중하기 힘들 수밖에 없는 상황을 맞게 되기 쉽다. 특히 급한 일 위주로 하다 보면 중요한 일들을 놓치게 되어 후회하는 상황을 초래할 수 있다. 따라서 본인에게 이 순간에 중요한 일과 덜 중요한 일들을 나열해서 나의 에너지가 감당할 수 있는 일을 선택해야 한다. 다른 사람의 도움을 받을 수 있는 일들은 과감하게 도움을 받고 나는 중요한 일에 집중하도록 해야 한다.

나 자신의 경우에는 각종 가사 일들보다는 가족과의 관계와 자녀 양육이 중요하다고 생각했다. 특히 자녀의 양육과 교육에 관해서는 많은 정보도 필요하고 약간의 활동도 필요하기 때문에 최대한 시간과 에너지를 할애해서 하도록 노력했다. 아이가 어릴 때는 회사에 있어도 '5분 엄마'를 실천해서 떨어져 있는 아이에 관해서 생각을 집중해 보고 전화 통화를 통해서 아이의 목소리라도 들으면서 퇴근 후의 아이와의 생활을 계획하곤 했으며, 아이에게 맞는 선생을 구하기 위해 애쓰고 아이의 선생과 지속적인 대화를 통해서 아이의 상태를 체크하곤 했다.

이와 같은 선택과 집중은 사실 가사일과 자녀 양육에 국한되는 것이 아니라 회사 일 또는 전반적인 인생의 일에 대부분 해당된다고 생각한다. 특히 갈수록 모임도 많아지고 공적 관계가 확대되어 가면서 새벽부터 일이 생긴다. 이 경우도 잘 판단해서 선택해야 할 것이다. 항상 중요한 일을 선택하고 그에 집중하면서 기다리면, 어느 순간 내가 원하는 것을 얻을 수 있다고 생각한다. 다만 나를 너무 소진하지 말고 아끼면서.


## 3. 즐거움과 건강 유지

바쁘게 지내다 보면 자신을 돌아보기 어렵다. 욕심껏 내가 계획했던 목표를 얻기 위해 헌신하다 보면, 여유 없는 생활에 정신은 찌들고 휴식이 없는 생활에 육체적인 건강을 해치게 된다. 목표를 향해 가고는 있지만 일상에 즐거움은 없고 책임과 의무만이 나를 짓누르게 될 수 있다. 특히 회사에서 또는 사회에서 만나는 사람들과도 공적인 관계에만 국한하다 보면 주변에 마음을 터놓을 사람마저 귀하게 되어 외로워진다. 내가 좋아했던 것은 무엇이었는지조차 잊고 지내게 되는 게 보통이다. 이러한 생활은 자신을 지치게 한다.

사실 요즘 같은 백세시대에 사회생활이 차지하는 비중은 상대적으로 그리 크지 않다고 볼 수도 있다. 막상 은퇴하고 보면 수십 년간의 사회생활은 잠깐 지나간 꿈같은 기간일 수도 있다. 그러나 그 기간 중 행복했던 시간과 좋아했던 사람은 나의 기억에서 큰 부분을 차지할 수도 있다. 내가 웃음을 잃지 않고 건강하게 즐거운 생활을 하면 나의 주변 사람들, 가족이나 직장에서 만나는 사람들 모두 나를 좋아하게 될 것이다.

그리고 많은 시간이 들어가지 않는 건강을 위한 활동, 취미 활동을 일부러 만들어서라도 몸과 정신을 단련해야 한다. 나의 경우에 건강을 해치게 되어 서둘러 일을 그만두게 되면서 휴식의 달콤함을 갑자기 맛보기도 했지만, 일을 마무리하지 못한 것에 대한 회한도 남았는데, 돌아보면 나 자신의 에너지를 너무 소진했던 것 같다. 바쁠수록 일에 대한 욕심을 버리고 천천히 자신을 돌아보면서 몸이 말하는 신호에 귀를 기울이며 즐겁게 여유를 갖고 건강을 유지하면서 그렇게 가야 한다. 그래야 오래 지속적인 생활이 가능하다.

# 『세상을 바꾸는 여성 엔지니어』
# 15권 발간을 축하하며

5대 회장 **최 영 미**
성결대학교 공과대학 미디어소프트웨어학과 교수

엔지니어는 사용자의 입장에서 편리한 세상을 만들고자 하는 사람입니다. 공학과 인문학, 사회과학이 만나야 예술적 상상력이 융합된 수준 높은 기술인이 될 수 있는 시대가 되었습니다. 섬세함과 부드러움으로 무장된 융합의 DNA를 가진 여성 엔지니어야말로 미래 공학을 책임질 주역들입니다. 세상을 변화시킬 수 있는 사람은 바로 여성 엔지니어이며, 그들이 가진 모성의 열정을 세상은 간절히 바라고 있습니다. 유능한 엔지니어를 많이 배출하기 위해서는 엔지니어에 대한 정확한 정보를 제공하고 역할 모델을 발굴하는 것이 필요합니다.

『세상을 바꾸는 여성 엔지니어』 15권 발간을 축하하며 5대 회장으로서 참으로 감회가 깊습니다. 한국여성공학기술인협회 창립 10주년을 맞아 2004년부터 2012년까지 발간된 『세상을 바꾸는 여성 엔지니어』 시리즈 1권~7권을 요약하여 『여성 엔지니어, 세상의 빛이 되다』를 출간하였던 기억이 새롭습니다. 그 당시 159분의 다양한 공학기술 분야 집필자들의 원고를 읽으며 생생한 삶의 현장과 성장 과정을 보는 것은 몹시도 흥분되는 경험이었습니다.

15권 발간 현재 역대 집필진 구성 현황은 총 324명 집필진, 산업체 54%, 공공 연구기관 24%, 학계 22%입니다. 이러한 데이터는 『세상을 바꾸는 여성 엔지니어』는 여성 엔지니어를 꿈꾸는 후배들에게 국내는 물론 전 세계에서 최고 수준의 역할 모델 지침서라고 해도 크게 틀린 말은 아닐 것입니다.

이 책에 담겨 있는 여성 공학인의 생동감 있는 현장의 목소리와 삶의 진한 모습이 많은 청소년들, 특히 공학에 관심이 있거나 앞으로 공학기술인을 꿈꾸는 여학생들에게 훌륭한 역할 모델이 되었으면 합니다. 나아가 여성 엔지니어가 리더로 성장하면서 조직 내에서 터득한 노하우를 솔직하게 들려준다는 점에서 이 책은 한 단계 더 높은 비전을 제시하는 울림 있는 멘토링이 될 것입니다.

그동안 큰 수고를 하신 역대 회장님들과 임원님들, 그리고 끊임없는 성원을 보내 주신 회원들께 큰 감사를 드립니다. 특히 현 이재림 회장님은 COVID19 환경에서도 한·여·공 일에 열정을 가지시고 임하셔서 한·여·공의 위상을 반석 위에 올려놓고 계십니다, 모든 회원들을 대신해 이재림 회장님의 노고에 깊은 감사를 드립니다.

여러분 모두의 건승을 기원합니다.

# 『세상을 바꾸는 여성 엔지니어』
# 15권 출간을 축하하며

9대 회장 **이 재 림**

㈜지디지엔지니어링 건축사사무소

2020년, 전혀 예기치 못한 바이러스의 습격으로 혼란스러웠던 한 해가 벌써 4분기로 접어들었습니다. 모든 것이 멈춘 듯 우리의 일상은 위축되었고 보편적인 삶의 패턴들은 부적응과 불합치로 내몰리며 새로운 삶의 방식을 요구받고 있습니다. 그러나 태풍처럼 우리를 흔들고 있는 코로나 사태에도 시간은 멈추지 않기에 이제 좀 더 냉정한 자세로 지금의 상황을 수습하고 마무리해 가는 우리의 자세가 필요합니다.

2004년 출발한 (사)한국여성공학기술연협회는 올해로 창립 16주년을 맞이하게 되었습니다. 설립 초기부터 현재에 이르기까지 여성공학기술인들의 사회 진출과 국가 산업 발전에 기여해 온 우리 협회는 코로나 팬데믹이라는 특이 현상을 마주하는 올해를 기점으로 변화될 미래 예측과 협회의 지향점에 대한 발전적 대안을 모색해야 한다고 생각합니다. 이러한 시도는 산업체, 연구소 및 학계를 아우르는 여성 엔지니어 전문가

단체이며 업역과 업무에 대한 융합적 사고 및 확장이 가능한 우리 협회의 특성상 기존의 영향력에 더하여 더욱 큰 영향력으로 사회 전반에 작동할 것입니다.

우리 협회가 융합적 사고와 큰 확장성을 갖출 수 있었던 배경의 중심에는 회원들의 경험과 지식 공유 및 미래세대와의 소통을 목적으로 발간된 『세상을 바꾸는 여성 엔지니어』(이하 세바여) 시리즈가 있습니다. 『세바여』는 2004년 첫 출간 이후 여러 어려움에도 불구하고 300여 명이 넘는 집필진들의 삶을 담은 '여성 엔지니어 지침서'로 자리매김하며 14권이 출간되었습니다.

올해 발간되는 15권에는 "여성 리더십(산업리더), 융합, 언택트(IT)"라는 의미 있는 주제로 이 시대를 함께 살아가는 여성 공학기술인들의 현장감 있는 목소리와 생생한 삶의 여정을 담았습니다. 책 속에는 현재를 살아가는 선배들의 진솔함과 미래를 꿈꾸는 후배들의 희망이 어우러져 있고, 삶을 아름답게 만들어 주는 조화로움이 있습니다.

앞으로도 계속 이어질 출판 작업을 통해 더욱 많은 여성 엔지니어들이 긍정의 에너지를 이어 갈 수 있으리라 기대합니다. 아울러 곧 협회 홈페이지를 통해 오픈할 예정인 『세바여 e-book 시리즈(1권~14권)』에도 많은 기대와 성원을 부탁드립니다. 책 출간을 위해 애써 주신 집필진과 사업위원회 임원분들께 감사드리며 15권 출간을 진심으로 축하합니다.

무엇보다도 우리 협회를 적극 지지해 주시는 회원분들 그리고 집필진 여러분들과 함께 세바여 15권 출간의 기쁨을 나누고 싶습니다. 『세바여』 시리즈를 통해 회원 상호 간 더욱 공고한 네트워크가 구축되리라 믿으며 어려움 속에 탄생한 세바여 15권의 출간을 다시 한 번 축하드립니다.

우리 협회를 세우시고 이끌어 주시는 최순자 초대 회장님, 이영희 명예 회장님, 이효숙 명예 회장님, 최영미 명예 회장님, 송정희 명예 회장님, 오명숙 명예 회장님, 정경희 명예 회장님께 감사드리며 또한 부족한 회장을 적극 지원해 주시고 협회를 위해 시간과 노력을 아끼지 않는 부회장단과 임원분들께도 이 기회를 통해 감사의 마음 전합니다.

코로나 사태가 일상을 멈추게 함에도 시간은 쉼 없이 가고 있듯 "여성 리더십(산업리더), 융합, 언택트(IT)"를 통해 새로운 시대를 준비하는 우리 협회와 여성 공학기술인들의 노력도 쉼 없이 지속되리라 믿습니다. 감사합니다.

# 차례

## PART 1  도전

: 기다리지 말고 두려워 말고 적극적으로

## PART 4 미래

**: 속력보다는 옳은 방향으로 꾸준히 천천히**

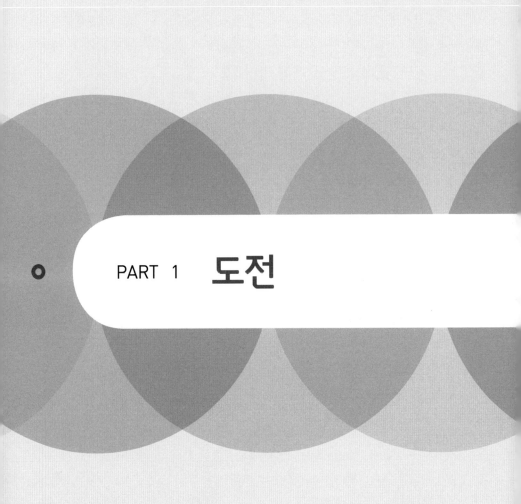

PART 1 　도전

: 기다리지 말고 두려워 말고 적극적으로

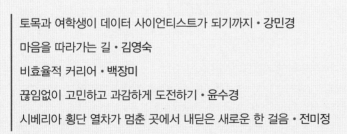

# 토목과 여학생이
# 데이터 사이언티스트가 되기까지

**강민경** Aquicore 데이터 사이언티스트

연세대학교 토목환경공학과에서 학사와 석사 학위를 취득한 후, 미국 카네기 멜론대학교에서 Advanced Infrastructure Systems 석사 학위를 취득하였다. 현재 미국 워싱턴 디씨에 있는 Aquicore에서 데이터 사이언티스트로 근무하며 머신러닝을 활용한 소프트웨어 개발을 하고 있다. 워싱턴 디씨의 기술 산업 발전에 기여하고 있는 여성들을 선정하는 DCFemTech에서 데이터 부문을 수상하고, 프롭테크 발전에 기여한 여성들을 선정하는 Women In Proptech에서 Unsung Hero 부분에 노미네이트되기도 했다.

돌이켜 보면 저에겐 학부, 대학원, 그리고 취업의 각 단계에서 중요한 일들이 있었습니다. 학부 시절엔 소수의 여학생으로서 느꼈던 어려움과 이를 극복한 과정이, 학부와 대학원에서는 좋아하는 일을 찾고 진로를 결정하는 과정이, 그리고 미국에서 취직을 할 땐 좌충우돌하며 얻은 도전에 대한 깨달음이 있었습니다. 각각의 단계에서 제가 느꼈던 경험을 나누고 저와 비슷한 고민을 하고 있는 후배들에게 조금이나마 도움이 되었으면 하는 바람으로 이 글을 씁니다.

## 여긴 어디? 나는 누구?
### 토목과 여학생의 고군분투 및 멘토 찾기

고3 어느 날 교실에 배치된 대학 학과 소개 자료들을 보다가 접하게 된 환경공학과. 내가 사는 도시를 더 환경 친화적이고 지속 가능하게 만드는 일이라니! 이런 일이라면 평생 열정을 가지고 잘할 수 있겠다는 생각이 들었습니다. 그렇게 저는 연세대학교 사회환경시스템공학부에 입학했습니다.

기대에 부푼 마음으로 입학했지만 예상치 못한 난관이 저를 기다리고 있었습니다. 바로 이곳은 사실상 "토목"환경공학과였다는 것과 남자가 90% 이상이라는 것이었죠. 당시 저와 함께 입학한 학생들 90여 명 중 토목과 여학생은 10명도 채 되지 않았고 학과 역사에서 여학생이 입학한 지는 10년도 채 되지 않았다고 했습니다. 그러다 보니 교수님도 선배들도 거의 모두 남자였죠. 저는 한 번도 접해 보지 못한 환경에 큰 혼란을 느꼈습니다. 여학생들은 조 모임에서의 역할 같은 일상적 문제에서부터 미묘한 성희롱, 롤모델과 멘토링의 부재라는 비교적 큰 문제까지 다양한 벽들을 마주했습니다.

하지만 한편으로는 당시 유행했던 '알파걸'이라는 단어처럼 사회에서 새로운 세대의 여학생들에게 거는 기대와 관심도 높았죠. 그래서 저는 공부도 열심히 하고 최초로 여학생 과 대표도 하면서 여학생도 잘할 수 있다는 것을 증명해 내기 위해 노력했습니다. 하지만 때로는 함께 고민을 나눌 친구가 없어 외로움과 무력감을 느꼈습니다. 전과를 수도 없이 고민해야 했죠.

고민이 깊어질 땐 여자 선배들의 존재가 간절했습니다. 선배들은 이런 어려움을 어떻게 헤쳐 나갔는지 궁금했습니다. 다행히 학교에서는 여러 방면으로 저와 같은 여학생들을 도와주었습니다. 가장 도움이 많이 됐던 것은 당시 토목환경공학과 박준홍 교수님의 주도 아래 진행되었던 토목과 여학우 모임이었습니다. 교수님께서는 학부, 대학원 할 것 없이 토목과에 있는 모든 여학생들을 초대해 한 학기에 한두 번 정도 모임을 여셨습니다. 대부분 식사를 하면서 담소를 나누는 소소한 자리였지만 저는 그 때 선후배들을 만나 비슷한 어려움을 겪었던 이야기를 나누며 큰 위로를 받았습니다. 한 번씩 선배 여성 엔지니어들을 초청해 간담회도 열었는데 사회에서 멋지게 활약하고 계신 분들을 보면서 용기도 얻을 수 있었습니다.

또 하나 도움이 많이 됐던 것은 한 교수님의 추천으로 하게 된 공학대학 여학생 공학교육 평가단 활동이었습니다. 여학생 공학교육 평가단은 다양한 학과의 공대 여학생들이 모여 여학생으로서 느끼는 어려움을 공유하고 이를 공학교육에 반영하기 위한 활동을 하는 모임이었습니다. 이러한 활동을 통해 저는 이 상황을 어떻게 변화시킬 수 있을까에 대해서도 한 단계 깊이 고민해 볼 수 있는 시간을 가질 수 있었습니다. 우리는 이 문제가 단순히 여학생들만 겪는 어려움이 아니라 남학생들과 교수님들도 도움을 얻고 싶어 하는 문제임을 깨닫고, 교수님들을 비롯한 모든 학생들을 대상으로 한 성평등적 공학교육을 위한 가이드북도 발간했습니다.

저는 이렇게 많은 선후배들과 교수님, 주변의 도움으로 저의 길을 포기하지 않을 수 있었고, 멘토링과 롤모델의 힘을 믿게 되었습니다. 혹시 저와 비슷한 고민을 하고 있는 분이 있다면 적극적으로 멘토와 동료를 찾아 서로에게 용기와 영감을 주며 꿈을 이루는 여정을 함께하라고 권하고 싶습니다. 그리고 자신 또한 누군가에게 멘토나 롤모델이 될 수 있다는 사실도 잊지 않고 기회가 될 때 적극적으로 도움을 준다면 더욱 좋겠죠?


## 사소한 관심으로 진로 찾기

대학 입학 후 새롭게 진로 고민을 하던 중, 대학 3학년 때 당시 토목환경공학과에 새로 부임하신 김정훈 교수님의 프로그래밍 수업을 듣게 되었습니다. 그 전에는 프로그래밍이 어렵게만 느껴지고 큰 흥미를 느끼지 못했는데 그때 들었던 수업은 토목과 학생들에게 알맞게 설계된 덕분인지 참 재미있게 느껴졌고, 코드를 짜서 내가 원하는 프로그램을 만들 수 있다는 게 신기했습니다. 그 후 그 교수님의 수업을 더 들으면서 센서와 로보틱스에 관심을 가지게 되었고 미국으로 박사 진학까지 하게 되면서 자연스럽게 데이터분석과 머신러닝을 공부하게 되었습니다.

진로 선택은 어렵습니다. 잘 알지 못하는 분야를 선택하는 데에 대한 부담감과 실패에 대한 두려움이 있기 때문입니다. 진로의 기로에 놓인 많은 사람들이 저와 같은 고민을 하리라 생각합니다. '이 길이 맞는 걸까? 선택했는데 나에게 맞는 길이 아니면 어쩌지?', '프로그래밍 수업을 듣고 좋아졌다고 토목과 학생이 갑자기 프로그래밍을 하나?' 등등, 검증되지 않은 길을 선택하는 데에는 더 많은 고민과 용기와 확신이 필요합니다.

저처럼 진로 고민을 한 친구들이 있다면 토드 로즈의 『다크호스』라는 책을 읽어보기를 추천합니다. 이 책은 표준화된 길을 벗어나 자신만의 커리어를 만들어 간 많은 사람들의 이야기를 다루면서 자신이 좋아하는 일을 찾아 자신만의 길을 만들기 위해서는 아주 작고 사소한 동기들을 찾는 것이 중요하다고 말합니다. 물건을 정리할 때 기분이 좋다, 계획을 짜서 들어맞는 게 좋다, 프로그래밍을 할 때 좋다, 등 작은 동기들을 조합하다 보면 자신이 원하는 일에 가까워질 수 있다는 거죠.

저는 인생의 비전이나 20년 후, 30년 후의 계획 등 거대하고 포괄적인 목표가 없어도 좋다고 생각합니다. 제가 미국에서 데이터 사이언티스가 될 것이라는 사실을 불과 5년 전에도 몰랐던 것처럼 앞으로도 제가 어디서 무엇을 하고 살고 있을지는 알 수 없기 때문입니다. 다만 지금 저의 관심사를 잘 관찰하고, 스스로를 믿고, 스스로의 선택에 최선을 다하다 보면 제가 원하는 삶을 살고 있을 것이라는 믿음을 가지게 되었습니다. 만약 진로 선택에 어려움과 부담감을 느끼는 분들이 있다면 자신이 무엇을 할 때 즐거운지 적고 복기해 보면서 자신의 관심사를 찾고, 스스로를 믿고 한번 시도해 보면 어떨까요?

## 시도하지 않으면 아무 일도 일어나지 않는다
: 기다리지 말고, 두려워 말고, 적극적으로 기회 만들기

미국에서 박사 과정을 하던 중 박사자격시험에서 탈락하면서 저는 한 번 더 진로의 기로에 서게 되었습니다. 다른 학교에서 다시 박사 학위를 시작할 수도 있었지만 머신러닝을 공부하며 데이터를 분석하고 모델을 만드는 일이 재미있었기 때문에 데이터 사이언티스트로 취업을 하기로 결심했습니다. 하지만 미국에서 취업하는 것은 쉽지 않았습니다. 갑작스럽게 취업을 하기로 결심했기 때문에 이력서나 인터뷰도 준비되어 있지 않았고, 게다가 외국인 학생들은 졸업 후 3개월 내로 취업하지 못하면 본국으로 돌아가야 했기 때문에 시간이 촉박했습니다.

일단 급하게 이력서를 만들어 여러 회사와 주변 사람들에게 보내고 적극적으로 네트워킹을 시작했습니다. 누군가 저를 찾아내 일자리를 줄 리도, 제가 이력서를 낸다고 저를 당장 뽑아 줄 리도 만무했기 때문에 최대한 많은 사람들에게 연락해 저의 상황을 알리고 스스로 기회를 찾아 나서는 수밖에 없었죠.

그러던 중 지인의 소개로 한 회사와 연락이 닿았습니다. 제가 대학원에서 공부했던 빌딩 에너지 효율화를 다루는 스타트업이었는데, 이야

기를 나누어 보니 센서 데이터를 수집하지만 많이 활용하고 있지는 않은 상황이었습니다. 저는 '바로 이 기회다!' 하고 생각했습니다. 저는 제가 가진 기술과 경험이 이 회사에 도움이 되리라는 확신을 가지고 CEO에게 연락했습니다. 저는 CEO에게 현재 회사가 어떤 문제들을 풀고 싶은지를 물어보았고, 며칠 뒤 각 문제에 대한 솔루션을 고안해 자료를 만들어 이메일로 보냈습니다. 회사는 그 자료를 본 후 저를 회사로 초대해 3일간 미팅을 가지면서 회사에서 어떤 데이터를 어떻게 수집하고 있는지, 그리고 수집한 데이터를 어떻게 활용하고 있는지 등을 소개해 주었습니다. 저는 매일 숙소에 돌아와 새로운 정보를 토대로 아이디어를 다듬고 발전시켜 정리했죠.

마지막 날 저는 회사 사람들 앞에서 한 시간 정도의 프레젠테이션을 통해 회사를 성장시킬 저의 아이디어를 소개하고 예상 소요 시간까지 정리해 발표했습니다. 긴장되어 입안이 바짝 말랐고 발표 내내 얼굴이 후끈거리는 게 느껴졌지만 최대한 평정심을 찾으며 발표를 했죠.

그 후 어떻게 됐냐고요? 발표가 끝난 직후 CEO는 저의 적극적이고 진취적인 모습이 좋았다며 그 자리에서 바로 오퍼를 주었답니다! 데이터 사이언티스트를 뽑을 계획이 전혀 없던 회사였는데 말이죠. 저는 그날 얼마나 긴장했는지 기억에 생생합니다. 3일 내내 발표를 준비하느라 잠도 잘 못 잤죠. 하지만 그 순간의 기쁨은 모든 것을 잊게 해 주었습니다.

물론 회사 취직 후에도 모든 것이 순탄했던 것은 아닙니다. 처음엔 미팅을 하면 영어를 알아듣지 못해 중요한 정보를 놓치기 일쑤였고 회사는 데이터 사이언티스트를 고용해 본 적이 없고 인프라가 없었기 때문에 모든 것을 저 스스로 알아보고 해내야 했습니다. 저도 경험이 없었는데 말이죠. 하지만 저는 제가 약속한 아이디어들을 실행하기 위해 매일 밤, 낮, 주말 할 것 없이 고민하고 노력했습니다. 한 동료가 인사 평가에서 저에게 "일을 너무 많이 한다."라는 피드백을 남길 정도였죠. 언어적·문화적·기술적인 여러 문제를 한꺼번에 극복해 내느라 쉽지 않았지만 저는 최선을 다해 노력했고 결국 제가 제안한 아이디어를 실현한 것은 물론이거니와 특허도 내고 큰 투자 유치를 받는 데 중요한 역할도 하면서 저의 가치를 증명해 내었습니다.

미국에 있었던 지난 몇 년간의 경험은 저를 크게 바꾸어 놓았습니다. 가장 큰 변화는 바로 두렵더라도 도전하는 것, 확실하지 않더라도 시도하는 것, 그리고 스스로 원하는 것을 알고 적극적으로 길을 찾아내는 것입니다. 돌이켜 보면 무모한 도전이었습니다. 경험도 없으면서 나

미국 워싱턴 디씨의 기술산업 발전에 기여하고 있는 여성들을 선정하는
DCFemTech에서 2019년 데이터 부문을 수상했을 때

에게 기회를 주면 다 해내겠다며 약속을 했기 때문입니다. 하지만 저는 두려웠지만 시도했고 기회를 잡았습니다.

만약 제가 그들이 저의 가치를 알아주기만을 기다렸다면, 혹은 제가 완벽히 준비될 때까지 기다렸다면 아마 아무 일도 일어나지 않았을 것입니다. 그러니 여러분도 원하는 게 있다면 적극적으로 나서서 스스로 기회를 만들어 내시기를, 그리고 인내와 끈기로 스스로의 가치를 당당하게 증명해 내시기를 바랍니다.

# 마음을 따라가는 길

**김영숙** 한국상담대학원대학교 상담학 박사 | 이지웰니스(주) 행복 상담사

경북대학교 전자계산학과에서 학사 학위를 취득한 후, 펜타컴퓨터코리아(주)에서 각종 기업의 EIS(경영정보시스템) 구축을 지원하였고, 1998년부터 LG카드(현, 신한카드)에서 DataWarehouse 및 CRM 업무를 수행하였다. 2009년 퇴직 후 2막 인생을 모색하며 공저로 『마흔, 시간은 갈수록 내 편이다』, 『행복의 민낯』 등을 출간하였다. 이후 한국상담대학원대학교에 진학하여 상담학 석사, 박사 학위를 취득하고 현재 직장인들을 대상으로 상담을 하고 있다. 퇴직 후 인생 설계가 필요한 중장년 직장인 및 불확실한 미래에 대한 불안이 많은 직장인들을 대상으로 자신만의 커리어스토리를 찾을 수 있도록 돕는 진로 상담에 많은 관심을 가지고 있다.

# 사람의 마음을 이해하는
## 컴퓨터를 만들고 싶었던 대학 신입생

다른 영역의 사람들에게는 대학에서 전산을 전공했던 내가 40대에 상담심리학 공부를 다시 시작해 박사 학위까지 취득했다는 사실이 생경하게 들릴지도 모르겠다. 하지만 지금 돌이켜 보면 나는 늘 사람의 마음에 관심이 있었고, 고등학교 때 전자계산학과로 진학을 결정하였던 것도 그와 무관하지 않았다.

고등학교 1학년 중반 문과·이과를 선택하던 시절, 나는 망설이지 않고 이과를 선택하였다. 중학교 시절부터 과학반 활동을 하며 경험했던 실험 등이 재미있었고, 수학의 논리적인 면이 좋았다. 어렸을 때부터 책을 좋아하고 이야기에 혹하였던 나였지만 과목으로서의 국어는 그다지 좋아하지 않았다. 학기 초에 국어 교과서를 받자마자 이번엔 어떤 글들이 있나 궁금해하며 한 번에 모두 읽어 볼 정도였지만, 재미있게 읽고 음미하는 정도로 그치고 싶은 문학 작품들을 공부해야 할 텍스트로 대해야 하는 것은 싫었다.

여하튼 망설임 없이 이과를 선택한 후 고등학교 2학년부터 대학 전공학과는 무엇으로 하면 좋을지를 계속 고민하였다. 그러던 고등학교 3학년 여름 즈음, 학교 교실에 나눠져 있던 전자계산학과에 대한 소개 유인물을 보게 되었다. 그 유인물에는 SF 영화에서만 보던 컴퓨터를 친구 대하듯 소개하며 컴퓨터의 언어를 통해 자신이 꿈꾸는 프로그래밍으로 행복해하는 장면이 그려져 있었다. 인공지능이라는 말을 들어 보지도 못했던 때였지만, 그 순간 나는 내가 생각하던 세상을 컴퓨터를 통해 구현할 수 있겠다는 꿈을 꾸기 시작하였다.

대입 합격을 확인하고 배우기 시작한 컴퓨터 프로그래밍은 또 얼마나 신기했는지 모른다. 학원에서 처음 보는 퍼스널 컴퓨터에서 BASIC을 배워서 내가 입력한 대로 프로그램의 결과가 나오던 순간의 희열을 잊을 수 없다. 정확한 로직과 예외처리를 거쳐야 원하는 결과를 얻을 수 있다는 것은 논리적으로 따지기 좋아하는 내 기질과 부합했고, 그렇게 대학에서의 시간들은 무난하게 흘러갔다.

그리고 대학을 졸업하던 해에 나는 서울의 한 SI업체로 취직을 했다. 어떻게든 집에서 독립하고 싶은 마음에서였다. 하지만 낯선 도시 서울에서의 직장 생활은 내게 외로움을 가중시켰다. 그러나 당시 내가 다니던 회사는 다른 곳이라면 경험하기 힘든 여러 가지들을 경험하게 해 주었다. 대표이사가 미국에서 교포로 수십 년 지냈던 터라 1993년 당시에도 격주로 토요일에 쉴 수 있었고, 내가 소속된 팀에서는 우리가 취급하는 프로그램 패키지의 본사 직원인 영국인이 같이 근무하였다. 해외 본사의 공급자나 마케터가 회사에 방문하여 세미나를 하는 일도 잦았고, 그들에게 전수받은 내용을 국내 고객사 대상으로 호텔에서 세미나를 하는 일도 잦았다. 비록 규모는 작은 회사였지만 고객들이 모두 시스템 개발을 필요로 하는 대기업이나 관공서 등이었기 때문에 제품 기술세일을 위해서나 파일럿 시스템 개발을 위해 단기간 프로젝트로 여러 회사를 경험하는 것도 흥미로웠다.

그러나 고객의 의견을 전적으로 반영한 시스템을 주문대로 개발하기만 하는 일은 하면 할수록 지쳐 갔다. 게다가 타지에서의 직장 생활이란 것이 주는 고단함과 새로운 경험의 흥미가 주는 균형점이 점점 고단함과 외로움, 지침 쪽으로 흘러갔다. 그러던 즈음 지금의 남편을 만났고, 나는 결혼을 핑계로 일을 그만두고 내가 더 만족스러울 수 있는 다른 일을 찾겠노라 다짐했다. 전산 일을 시작한 지 3년 5개월째였다.

## 뒤늦게 일의 매력에 빠져들어 정신없이 살았던 30대

그러나 삶은 생각처럼 흘러가지 않았다. 결혼 후 바로 첫아이를 임신했다. 회사를 그만둬 어차피 경력 단절이 예상되던 시기에 회사에서 알고 지내던 협력업체에서 임신 중인 내게 국세청 프로젝트에 한시적으로 일할 수 있는 프리랜서 자리를 제안해 왔고, 나는 거기에 임했다. 본격적으로 배가 불러오기 전까지 2달여 동안 일을 했고, 그 인연으로 98년 3월에 LG카드 DW 프로젝트에 참여할 수 있었다. 그리고 그 프로젝트가 그때까지의 내 경력을 전환시키는 계기가 되었다.

LG카드 IT 인력과 LG경제연구원, IBM 및 협력업체들이 참여한 프로젝트는 당시 업계에서도 처음으로 시행되는 대규모 DW 프로젝트였고 그중에서 내 업무는 추출된 데이터를 각 현업에서 잘 활용할 수 있도록 모델링하는 일이었다. 그 전 회사에서 고객의 니즈에 맞춰 내 의견이나 생각과는 상관없이 화면을 만들고 데이터를 가공하는 것에 도구처럼 활용된다는 느낌이 싫었던 것과는 반대로, LG카드의 DW 프로젝트에서는 다차원 자료 모델링 툴을 알고 활용할 수 있는 인력이 나밖에 없었기 때문에 데이터 모델링에 전문가인 내 의견이 주요하게 반영되었다. 그뿐만 아니라 데이터 추출, 카드업무 분석, 시스템 관리 등 각 분야의 전문가들끼리 협업하며 나누는 대화가 즐겁게 느껴졌다. 나는 일을 하면서 처음으로 주말보다 월요일이 기다려진다는 것이 어떤 기분인지 알 수 있을 정도로 일에 빠졌다.

당시가 98년 3월이었다. 다른 사람들은 IMF 여파로 다니던 회사가 부도나고 일자리에서 쫓겨나는 와중에 나는 새로운 일의 세계로 초대받은 느낌이었다. 남편도 내가 다시 일을 시작하는 것에 대해 긍정적이었기에 15개월간 내가 키우던 큰아이에겐 출퇴근 베이비시터를 고용하고 내가 늦을 땐 남편이 일찍 퇴근하여 아이를 챙기는 형태로 일에 전념했다. 그리고 그런 내 모습을 호의적으로 본 LG카드의 제안으로 다음 해에 경력 정규직으로 입사하게 되었다.

다음 해엔 둘째도 출산하였고, 카드업이 호황기로 접어들던 시절이라 풍성했던 연말 성과급과 대기업의 안정적인 복지제도는 내가 그전까지 경험하지 못하던 안정감을 주었다. 그리고 다차원 데이터 모델링 분석이라는 내 영역이 확실한 가운데 초반 DW 시스템으로 구축했던 것들이 회사의 기본 분석뿐 아니라 여러 가지 경영 계획이나 영업 전략, 채권 회수를 위한 질 좋은 자료로 활용된다는 것이 자부심을 주었다.

또한 이전까지는 구축 단계까지만 하고 그 이후로 어떻게 관리되고 활용되는지에 대해서는 알기가 어려웠는데, 한번 구축한 시스템으로 현업이 유용하게 활용한다는 것을 확인하며 보람도 느낄 수 있었다. 지금 돌이켜 보면 30대 초반 몇 년의 그 시절에 나는 전산 업무에서 내 자신이 가장 최적으로 기능하는 경험을 했었던 것 같다.

그러나 시간은 계속 흘렀고, 몇 년의 시간이 지나자 이제는 늘 같은 업무만 지원하는 양상에서 지루함이 느껴지기 시작했다. 그리고 카드업 호황이라는 표면적인 현상 속에 잠복하고 있던 부실채권 문제가 본격화되면서 회사는 채권단이 관리하게 되었고, IT 부서의 수장들도 외부에서 영입된 인사들로 교체되며 분위기가 뒤숭숭해졌다. 그뿐만 아니라 2000년대 중후반부터 개인정보보호와 관리의 중요성이 인식되면서 IT 관리 입장에서는 관리적 업무가 늘어나기 시작했고, 채권단 이후 회사를 인수해 줄 기업의 시스템과 통합하는 일이 가장 큰 이슈가 되었다.

조직구조도 수시로 변경되었고, 그러면서 나의 업무도 DW 모델 관리에서 CRM(customer relationship management: 고객 관계 관리. 기업이 고객 관계를 관리해 나가기 위해 필요한 방법론이나 소프트웨어 등을 가리키는 용어) 시스템 개발 및 운영으로 변경되었다. CRM 업무도 Inbound(고객센터로 걸려오는 고객 콜 처리), Outbound(마케팅을 위해 회사가 고객에게 연락하는 것)로 나눠졌는데, 나는 Outbound 업무 개발을 맡았다.

그전까지는 쌓여 있는 고객 거래 자료를 어떻게 하면 업무 목적에 맞게끔 가공하고 모델링하여 활용할 수 있을지에 집중했다면, 이제는 그 분석 자료를 활용하여 최적의 마케팅 효과를 얻을 수 있게끔 CRM Outbound 시스템을 구축하는 것이 나의 업무였다. 대고객 실시간 업무라는 것이 부담스러웠고, 자칫 고객의 불만을 초래할 경우 민원의 문제가 생길 수도 있는 일이라 긴장의 끈을 놓을 수 없었다. 무슨 일이 터지면 모든 것이 내 책임이라는 관리의 부담이 점점 내 삶의 만족도를 떨어뜨렸다.

Outbound 시스템 개발을 마친 후에는 합병한 회사와의 시스템 통합 작업이 연이어 있었다. 정신적 육체적으로 어려운 시기였지만 무책임하게 회사를 그만두기 힘든 나날들이 이어졌고, 첫 번째 통합 작업이 마무리된 2008년 11월 즈음 첫 희망퇴직 공고가 게시되었다. 업무의 부담도 있었지만, 생각해 보면 나는 첫 회사를 그만둘 때처럼 내가 주체성을 가지고 일을 하기보다는 조직의 일원으로 조직이 원하는 시스템을 구축하고 관리하기 위한 하나의 부품으로서 기능할 수밖에 없다는 것에 좌절감이 점점 커지면서 뭔가 다른 형태의 삶이 필요하다는 마음이 꿈틀거리기 시작했다.

하지만 정작 그것이 어떤 모습일지에 대해서는 불분명하였기에 희망퇴직 신청 기간인 일주일 동안 계속 고뇌의 시간을 보내야 했다. 그리고 결정했다. 회사에 계속 남아 있기보다 바깥세상을 경험하는 모험을 하기로 한 것이다.


## 마음을 따라 새로운 길을 모색하다

늘 회사만 다니던 사람에게 갑자기 시간이 주어지자 무엇을 어찌해야 할지 혼란스러웠고, 평일 낮에 집 안에 있는 내 자신에게 부적절감까지 느껴졌다. 갈피를 잡지 못하며 몇 달을 집에서 보내던 중 프리랜서로 나를 찾는 프로젝트가 있어서 우선 그 일에 참여했다. 회사 다닐 때와 비슷한 일이지만, 회사의 관리자로서 해야 할 일에서는 면제받는 것이 홀가분하면서도 협력업체 직원으로 대접받는 느낌은 또 생경스러웠다. 그러나 익숙한 업무로 무언가를 하고 있다는 심리적 안정감이 느껴지자, 이런저런 관심 있던 세상에 대한 탐색도 같이 시작할 수 있었다.

그 무렵 나는 사이버대학에서 상담학을 공부하는 남편의 영향으로 상담학 관련 책들을 접할 수 있었다. 그리고 평소에 관심이 많던 자기계발류의 책들을 읽으며 저자가 진행하는 워크숍 등에 참석하기도 하였다. 그리고 2009년 5월에 노무현 대통령의 서거를 겪으며 사회적 이슈에도 관심을 가지게 되어 오마이뉴스에서 시민들을 대상으로 개설한 강의에 정기적으로 참여하기도 하였다.

그것이 인연이 되어 나는 2010년 오마이뉴스에서 기획한 〈유러피언드림〉의 첫 번째 주제였던 저출산과 관련하여 워킹맘 시민기자의 자격으로 프랑스 취재팀에 합류할 수 있었다. 8박 10일의 일정 동안 나는 로레알화장품 회사를 방문하여 아이 넷의 엄마로 근무하던 직원과 워킹맘이었던 시민기자의 입장에서 인터뷰를 하고 그것을 기사로 써냈다.

『행복의 민낯』 저자와의 만남(2014. 2)

그렇게 나는 프리랜서로 프로젝트에 참여하는 일을 하면서 프로젝트가 비는 때에 틈틈이 시민기자 활동을 병행했다. 하지만 IT 시스템 구축 프로젝트의 특성상 일의 계약 기간 동안은 나는 그전 생활과 다름없이 프로젝트에 매달려 딴 일은 거의 생각할 수 없는 상태로 지내야 했고, 그러는 동안 근본적으로 IT 일에서는 손을 떼어야 내 삶이 전과 다른 방향으로 변화하겠다는 마음이 들었다.

그래서 2010년 가을 무렵, 프로젝트 계약 기간 종료와 더불어 IT 프리랜서 일에서는 손을 떼고 "글쓰기를 통한 삶의 혁명"이라는 글쓰기 모임에 참여하였고, 그곳에서 각자 자기의 일을 하면서도 책 쓰기를 통해 새로운 삶으로의 전환을 꿈꾸는 사람들과 만났다. 비슷한 연령대의 마음 맞는 여자 7명이 모여 '하이힐과 고무장갑'이라는 팀 이름을 정하고 공저 작업에 착수했다. 다행히 우리의 기획 의도에 동의하는 출판사를 만나 2012년 12월에 『마흔, 시간은 갈수록 내 편이다』를 출간할 수 있었다. 다음 해에는 『행복의 민낯』을 출간했다.

시민기자 활동이나 책 쓰기 활동을 통해 내가 어떤 사람인지에 대해 생각할 시간을 많이 가졌고, 그러면서 내가 사람들이 하는 행동이나 말의 동기에 많은 관심을 갖고 있다는 사실을 알게 되었다. 때마침 집에는 야간대학원에서 상담학 석사 과정을 공부 중이던 남편이 사 둔 상담학 책들이 꽤 많았고, 관심이 가는 책들을 읽어 보면 사람의 마음에 대해 알 수 있게 되는 것이 재미있었다.

특히 융이 말하는 중년기에 대한 설명이 마음에 남았다. 『융, 중년을 말하다』라는 책에서 융은, 인간이 백지 상태에서 태어나 차츰 완성되는 것이 아니라, 경험과 학습과 자각을 통해 원래 타고난 전체성을 회복하면서 자기만의 개성화로 완성된다고 하였는데 그것이야말로 내가 찾는 것 같았다.

회사 생활 이후의 삶을 고민하면서 그저 내게 맞는 직업을 찾는 것에서 그치기보다 내 존재의 주춧돌을 세우고 싶은 마음에 상담학에 대한 관심이 생겼다. 뜻이 있는 곳에 길이 있다는 말처럼 공저팀의 일원 중 한 사람이 문학과 철학과 연계하여 인문학을 기반으로 하는 상담학을 공부하는 학교라며 한국상담대학원대학교를 추천하였다. 전혀 일면식도 없었던 상담의 세계로 나는 그렇게 책과 인문학에 대한 관심이 연결고리가 되어 접어들게 되었다.

2013년 2월, 나는 상담학 석사 과정에 입학하였다. 학교에 입학하면서도 나는 내가 상담사가 될지에 대한 확신은 없었다. 43세에 입학한 석사 과정이었지만 상담학의 특성상 사회 경험이 많은 4-50대 학생들도 많아 그렇게 위화감을 느끼지 않을 수 있는 분위기인 것도 도움이 되었다.

그리고 입학 후에 나는 상담의 실제에 무척 매력을 느끼게 되었다. '상담면접의 실제'라는 수업에서 내담자 역할을 하며 그동안 외적 성취와 관계없이 마음 안의 해결되지 않는 이슈로 남아 있던 감정에 접촉하며 나에게 이런 마음이 있었던가 싶어 놀라웠고 진짜 내면으로 접근해가는 상담의 파워에 매료되었다.

2학기부터는 집에서 가까운 청소년 상담복지센터의 자원봉사상담원으로 활동하면서 상담의 현장에서 조금씩 경험을 쌓았다. 석사 과정을 마치고 내가 정말 상담자로 현장에서 일해도 만족감을 느낄 수 있을지,

그리고 그렇다면 어떤 영역에서 일하고 싶은지를 알기 위해 대학원 부설의 상담센터에 지원하여 인턴·레지던트로 2년을 근무하였다. 근무기간 동안 군부대나 중학교, 관공서, 직장인 등을 대상으로 경험을 쌓을 수 있었고 그 과정에서 보람을 느끼는 나 자신을 확인할 수 있었다.

나는 2년의 상담센터 근무를 마치고 다시 박사 과정에 입학하였다. 여러 영역에서의 내담자들을 만나면서 나의 직장 생활 경험이 직장인 상담에 많은 도움이 되고 나 역시 더욱 보람을 느끼는 것을 확인할 수 있어서 직장인들을 위한 상담에 보다 전문성을 쌓고 싶은 마음이 들었기 때문이다.

그중에서도 특히 불확실한 미래에 진로를 고민하는 직장인들의 경력 설계나 은퇴 이후의 생애 설계와 관련한 주제에 관심이 컸다. 이는 내 자신이 전산을 전공하여 기업 IT 업무를 담당하다가 퇴직 후 진로를 고민하다 상담자로 전환한 이력과도 관련이 많고, 또한 융이 말한 '개성화'가 결국은 자기다움의 의미와 가치를 스스로 찾는 삶이라는 면에서도 관련성이 있었다.

그리고 이 원고를 쓰기 직전에 학위논문을 마무리하고 4년 6개월 만에 학위 과정을 종료할 수 있게 되었다. 논문의 제목은 「직장인 커리어스토리 상담프로그램의 개발과 사례 분석」이다. 직장인들이 그동안의 커리어에 녹아 있는 자기만의 이야기를 커리어스토리로 뽑아내면서 생애진로주제를 구체화하고 지금 시점의 삶에 필요한 방향과 목적의식을 뚜렷하게 담아낼 수 있게 하고자 하였다.

본 원고를 의뢰받으며 내 글의 타이틀은 무엇으로 해야 하나 싶어 고

한국상담대학원대학교 부설 코칭상담연구소 개소 세미나 발표(2018. 2)

민을 하던 때에 떠오르는 장면이 있었다. 2016년 10월, 나는 직장인의 커리어 전환과 일과 삶의 인생 설계를 위해 희망제작소가 마련한 강의에서 IT 전문가에서 상담심리사로 전환한 경험에 대해 이야기를 하고 있었다. 그때 마련한 강의 제목이 '마음을 따라가는 길'이었다.

그리고 문득 돌아보니 IT 경력과 시민기자, 작가와 상담자의 이력이 생뚱맞아 보이기도 하지만 내 안에서는 계속 누군가와 소통하고 이해받기를 원하는 욕구가 그때그때의 외적 상황과 상호작용하며 만들어져 나갔던 것 같다. 그리고 이제 나는 앞으로 자신의 정체성이나 미래 진로를 고민하는 직장인들이 저마다의 스토리텔링으로 자기다움의 꽃을 피울 수 있도록 돕는 상담자로 살아가고자 한다. 그리고 60대가 되면 내 경험을 책으로 녹여 내어 더욱 많은 사람들과 나누고자 하는 바람이 있다.

# 비효율적 커리어

**백장미** 대림산업 건설사업부 자산개발팀 대리

연세대학교 건축공학과(건축학 5년제)를 졸업하고,
대림산업 건설사업부에서 6년째 근무 중입니다.

## ⬤ 들어가며

『세상을 바꾸는 여성 엔지니어』의 집필 제안을 받고 흔쾌히 수락하여 글을 쓰고 있는 지금에도 마음 한편에서는 걱정이 떠나지 않는 이유는, 제 스스로도 앞으로 어떤 길을 가야 할지 고민하고 있기 때문입니다.

내가 좋아하는 일을 찾는다는 것은 누구에게나 삶에서 가장 중요한 일임과 동시에, 정말로 소중한 일입니다. 이를 어떻게 몸소 느꼈는지, 어떤 고민을 통해 현재의 길을 걷고 있는지 이야기해 보려 합니다. 제가 해 왔던 경험과 고민이 공학도를 꿈꾸고 있는 후배들에게 조금이나마 도움이 되기를 소망합니다.

## ⬤ 나를 알아 가기

초등학교를 입학하기 전부터 손으로 멋진 작품을 만들어 내는 작가의 삶을 꿈꿨습니다. 미술대회에서도 여러 번 입상하며 자연스레 예술고등학교 진학을 마음먹었지만, 중학교 3학년이 되어 선생님들의 권유로 과학고등학교로 진학했습니다. 고등학교에 진학하고 나서도 그림을 그리고 싶으면 미술을 공부할 수 있을 거라 생각했습니다.

그렇게 진학한 과학고등학교는 제가 그림 그리는 것을 좋아했듯 수학과 과학에 대한 열정이 남다른 친구들이 모여 공부하는 학교였습니다. 갈팡질팡하는 저와는 달리 꿈이 확실한 친구들 사이에서 진로를 정해야 했고 그렇게 첫 번째 고민이 시작되었습니다.

손으로 무언가를 만들기를 좋아하는 나와 수학과 과학에도 흥미가 있는 나. 이런 나에게 걸맞는 진로와 직업은 무엇일지 고민에 고민을 거듭하던 끝에 선택한 진로는 바로 '건축'이었습니다. 과학고등학교 학생들은 대부분 선택하지 않는 길이었지만 드디어 나에게 딱 맞는 진로를 찾았다는 생각에 너무나 기뻤고 대학을 졸업하여 멋진 건축가가 되겠다고 다짐했습니다.

## 한 걸음 물러나기

서울의 공과대학에 입학하여 1학년이 끝나 갈 무렵, 건축 설계를 공부하는 '건축학'을 세부 전공으로 선택했습니다. 2학년으로 올라가며 본격적인 설계 수업을 들을 수 있었고, 꿈꾸었던 전공 공부를 하면서 정말 즐거웠습니다. 사회의 다양한 현상들을 여러 관점에서 고민해 보면서, 사람과 사회에 도움이 될 수 있는 방향으로 본인만의 시각으로 재해석하여 이를 건축으로 풀어낸다는 것이 너무나 매력적이었습니다.

대학을 졸업하고 꿈꾸던 건축가로 사회생활을 시작하더라도 결국은 회사라는 조직에 속해 일을 해야 하기에 기업에 대한 이해와 경험이 필요하겠다고 생각했기 때문에 경영학을 부전공하기도 했습니다. 방학이 되면 설계사무소에서 아르바이트를 하고, 공모전에도 출품하는 등 바쁜 일상을 보냈습니다.

이러한 생활을 이어 오던 중, 4학년 1학기에 가장 존경하는 교수님의 설계 수업을 듣게 되었습니다. 하지만 설계가 여느 때와는 다르게 마음처럼 잘 되지 않았고, 다른 친구들이 발표하는 멋진 생각들에 짓눌려 수업 시간만 되면 스스로 위축되기 일쑤였습니다. 그렇게 설레던 설계 수업은 점점 부담으로 다가왔고 진로를 잘못 선택한 것은 아닌지 또다시 고민하기 시작했습니다.

당시에 몸과 마음이 많이 지쳐 있었지만 이를 스스로 인지하지 못했습니다. 교수님께서는 상담을 통해 휴학을 권하시며 학교 밖의 세상을 둘러보고, 자신만의 균형을 찾는 방법도 배워 오라고 이야기해 주셨습니다. 학기 중에 모든 것을 쏟아붓고 지칠 대로 지쳐 있는 제게, 학교에는 학기가 끝나면 방학이 있지만 회사에는 방학이 없으니, 사회생활을 시작하기 전에 생활 속에서 저만의 균형을 찾는 방법을 찾아보라는 말씀이셨습니다.

처음에는 쉽사리 휴학을 결정하지 못했습니다. 5년제 건축학과에 진학하면서 고등학교를 조기 졸업하여 얻은 1년을 잃었다 생각했고, 여기에 휴학까지 한다면 남들보다 뒤처질 것만 같았기 때문입니다. 하지만 결국 스스로 지친 것을 인정하고 휴학을 결정하게 되었습니다.


## 다른 곳을 바라보기

구체적인 계획 없이 휴학을 결정한 터라 무엇을 해야 할지 막막했습니다. 그리고 이러한 날들이 이어지면서 휴학을 취소하고 다시 학기를 시작해야겠다고 생각할 무렵, 학회 활동을 하며 알고 지내던 선배로부터 인턴 근무를 소개받게 되었습니다. 여의도 국제금융센터(IFC) 신축 프로젝트를 주관하는 외국계 부동산 개발회사에서 일해 볼 수 있는 기회였습니다. 그동안 익히 들어온 시공사나 설계사가 아닌 생소한 회사였기에 고민했지만, 대형 설계사와 시공사가 참여하는 큰 규모의 프로젝트라는 점이 매력적으로 다가와 지원하였고, 일할 기회를 얻게 되었습니다.

10개월여간 여의도 IFC 건설 현장에서 근무하며, 설계와 시공을 관리하는 CM(Construction Management)팀과 PM(Property Management)팀에서 일했습니다. 근무하는 동안 크게 두 가지를 깨달을 수 있었는데, 첫 번째는 우리나라에서 활동하고 있는 외국계 회사들이 많으며 업무 문화가 정말 다르다는 것이었고, 두 번째는 부동산 개발에 있어서 설계와 시공의 품질을 향상시켜 물리적인 가치를 높이는 일도 중요하지만 건물이 지어진 이후의 운영 및 관리를 통한 무형의 가치를 높이는 일도 정말 중요한 일이라는 점이었습니다.

또한 설계사와 시공사뿐 아니라 부동산 개발회사, 부동산 임대 및 마케팅, 컨설팅 회사 등도 바라보게 되는 등 미래의 선택지와 시야가 확장되었습니다. 특히 외국계 회사에서는 상위 직급이더라도 남녀 직원 비율이 균등하고, 성별과 크게 관계없이 일하는 모습은 그것이 당연한 것임에도 불구하고 신선한 울림을 주었습니다.


## 다시 한 번 다른 세상으로

인턴 근무 중 외국인 직원들과 자주 협업하게 되면서 '다른 나라의 건축학도들은 어떻게 건축을 공부할까? 어떤 시야를 가지고 건축을 바라볼까?' 하는 궁금증이 생겼습니다. 이는 자연스레 우리나라가 아닌 다른 나라에서 건축을 공부해 보고 싶다는 생각으로 이어졌고, 열심히 준비하여 4학년 2학기 복학과 함께 싱가포르국립대학(NUS)으로 교환학생을 떠나게 되었습니다.

다른 나라의 건축학도들과 함께한 수업과 프로젝트들은 정말로 좋은 경험이었고 지금도 행복한 기억으로 남아 있습니다. 친구들과의 인연은 지금도 이어져 한국이나 싱가포르에서 만나곤 합니다. 혹시라도 교환학생을 고민하게 된다면 저는 주저 없이 다녀오라고 말해 주고 싶습니다.

학기를 마치고 한국으로 돌아가기 전 싱가포르의 국내 건설사 현장에서 일할 수 있는 있는 기회가 있었습니다. 하나의 건설 현장 안에서도 시공·공무·관리·설계·구조·법무 등 다양한 분야로 나뉘어 함께 협업하고 있다는 점이 새롭게 다가왔습니다. 비록 짧은 시간이었지만 현장을 가까이에서 살펴보고 나니 진로에 대한 구체적인 고민도 시작할 수 있었습니다.


### 벽에 부딪히다

한국으로 돌아와 남은 대학 생활을 하면서, 건축이라는 큰 테두리 안에서 내가 하고 싶고 잘할 수 있는 일은 과연 무엇일까 다시 한 번 고민하게 되었습니다. 인턴과 교환학생 경험을 비추어 볼 때, '내가 아직 접해 보지 못한 분야가 더 많지 않을까?' 하는 호기심이 강해졌고, 다양한 방면에서 건설업을 두루 접할 수 있는 시공사를 저의 첫 진로로 정했습니다.

취업 시장에 뛰어들며 목표로 정한 회사가 있었고, 열심히 자기소개서를 작성하고 면접 스터디를 하면서 준비했습니다. 전공자였으며, 인턴 경험도 있었고, 스스로 원하는 바도 뚜렷했으며, 진로에 대한 고민도 해 왔기에 자신 있었습니다. 하지만 그해 건설경기의 불황이 닥치며 대부분의 회사에서 선발 인원을 대폭 줄였고, 좁아진 취업문을 뚫지 못한 저는 결국 목표로 한 회사에 최종 합격하지 못했습니다. 현장이 대부분인 시공사에서 여성 직원보다는 남자 직원을 선호한다는 사실을 익히 알고는 있었지만 직접 그 벽에 부딪히고 나니 좌절감은 생각보다 크게 다가왔습니다.


## 배우며 나아가기

비록 목표로 정했던 회사의 부름은 받지 못하였지만, 다시 취업준비생으로 지내는 것보다 시공사에서 실무를 익히며 커리어를 쌓는 것이 더 좋겠다고 판단했습니다. 감사하게도 한 시공사에서 일을 시작할 수 있었고, '상품개발'이라는 업무를 처음 맡게 되었습니다. 이는 시공사의 가장 대표적인 상품인 공동주택을 개발하는 업무로서, 어디에서나 쉽게 볼 수 있으며 대한민국 가구의 절반 이상이 살고 있는 바로 그 아파트를 개발하는 일이었습니다.

아파트를 개발하는 일은 각 세대의 평면뿐만 아니라 내부 인테리어, 단지 공동시설 계획, 건물의 외관 및 조경, 단지 브랜딩까지 아파트의 전반을 아우릅니다. '이런 일을 하는 팀도 있구나!' 하는 생각이 들 정도로 생소한 업무였지만, 학교의 설계 수업에서 배운 것과 유사했기에 즐겁게 일할 수 있었습니다. 그리고 이 업무를 맡아 수행한 덕분에 우리나라의 공동주택에 대해 깊이 공부할 수 있었고, 앞으로의 주거 환경은 어떻게 변화해 나갈지 고민하는 기회도 가질 수 있었습니다.

감사했던 1년의 시간을 뒤로하고, 목표로 했던 회사에 다시 한 번 지원하였습니다. 그동안의 실무 경험을 통해 한층 성장하였기 때문이었을까요. 이번에는 합격을 손에 넣을 수 있었습니다.


## 내 자리를 찾아가기

목표로 했던 회사에 입사하여 처음 맡은 역할은 공동주택 현장의 시공기사였습니다. 그동안 건설 현장에서 여러 번 일해 보았지만 직접 시공 업무를 맡는 것은 처음이었고, 이미 공정이 많이 진행된 현장이었기에 빠르게 현장에 적응하는 것이 중요하다고 생각했습니다. 따라서 가능한 많은 도면을 보고 외우는 것에 방점을 두고 업무에 임했습니다.

처음 기본설계에서 작성된 도면과는 달리 현장의 실시설계 도면은 그양도 방대하거니와 사업이 진행되면서 다양한 사정으로 변경되기 일쑤입니다. 이에 따라 도면이 맞지 않는 경우가 종종 발생하는데, 단면도와 입면도가 서로 일치하지 않는 오류가 주로 그런 경우입니다. 이렇게 도면이 맞지 않을 경우, 설계사와 함께하는 확인 작업을 통해 도면을 정정하게 됩니다.

도면을 눈에 익히고자 많이 본 탓인지 도면 오류들이 눈에 많이 들어왔고, 제가 정정 요청을 하는 경우가 잦아지자 이를 눈여겨보신 당시 현장소장님께서는 시공업무와 설계업무를 함께할 수 있도록 인테리어 시공 업무를 맡겨 주셨습니다. 인테리어 시공 업무에 직전의 회사에서 수행했던 상품개발 업무가 큰 도움이 되었음은 물론이고, 현장을 가까이에서 본 지금에야말로 상품개발 업무를 맡게 된다면 정말 잘 수행할 수 있겠다는 생각도 들었습니다.

2년여의 현장 근무를 마치고 저는 상품개발팀에 지원한 결과 다행히 합류할 수 있었고, 드디어 나의 적성에 꼭 맞는 업무를 찾은 것만 같이 즐겁게 일할 수 있었습니다. 그리고 3년여의 상품개발팀 근무 기간 동안 상품만큼 중요하다고 생각한 부분은 '사업성이 고려된 프로젝트 관리'였습니다. 쉽게 말해, 아무리 멋지고 좋은 상품일지라도 수지가 맞지 않으면 실현되기 어려울 수밖에 없기 때문에 그 사이의 균형이 매우 중요합니다. 따라서 상품을 개발할 때 이 균형점을 미리 알 수 있다면 프로젝트를 더 좋은 방향으로 이끌어 갈 수 있겠다고 생각했습니다.

이런 고민을 통해 현재는 '자산개발'이라는 새로운 업무를 맡고 있습니다. 프로젝트의 전반적인 리스크를 관리하여 성공한 사업으로 이끌어 내는 것이 이 업무의 본질이기에 건물의 다양한 가치와 이해관계자들을 고려하고 이것들을 조율해야만 합니다.

건축학과 경영학을 함께 공부했던 대학 생활, 부동산 개발회사에서의 인턴 생활, 시공과 설계를 두루 경험했던 현장 생활 그리고 3년여의 상품개발 업무. 이 모든 경험들이 지금 자산개발 업무를 수행하는 데 있어 큰 밑거름이 되고 있습니다. 여전히 익숙함보다는 새로움이 더 많기에 언제나 배우는 자세로 업무에 임하고 있지만, 이 덕분에 항상 설레는 마음으로 일하고 있습니다.

## 허투루 지나간 시간은 없다

지금까지 걸어온 길을 돌아보면, 분명한 목표를 정하지 못했거나 계획한 대로 되지 않아 여러 길을 빙빙 돌면서 시간을 낭비한 것이 아닌가 하는 생각에 잠길 때가 많았습니다. 그러나 돌이켜 생각해 보면, 그렇게 돌아왔다고 생각한 길들이 결국 나를 자라게 하는 영양분이 되어 나를 성장시켰고, 지금의 이 자리에 있게 한 원동력이 되었습니다.

남들보다 뒤처질까 두려워 생각조차 하지 못했던 1년의 휴학 기간은 더 많은 경험과 넓은 시야를 갖게 해 주는 소중한 시간이었고, 목표로 정했던 회사에 취업을 실패하여 다녔던 회사에서는 결국 내게 가장 잘 맞는 일이 무엇인지를 깨닫게 해 주는 기회를 얻었습니다.

인도에는 '때론 잘못 탄 기차가 우리를 목적지로 인도한다.'는 속담이 있다고 합니다. 저와 비슷한 고민을 하고 있을 친구들에게, 또 이러한 고민을 하게 될지도 모를 후배들에게 이 글을 통해 하고 싶은 말도 비슷합니다. 당장 계획한 대로 되지 않더라도 좌절하거나 포기하지 않고 그 상황에서 내가 나아가야 할 길을 찾아 앞으로 나가다 보면, 어쩌면 저처럼 미리 상상하지 못했던, 더욱 흥미 있고 적성에 맞는 진로를 찾게 될 수도 있다고 말입니다. 한 우물을 깊게 파야 하는 분야가 있듯이, 다양한 분야의 경험과 지식을 융합하여 새로운 가치를 만드는 능력이 장점이 되는 분야도 있을 테니까요.

이야기를 전하는 지금에도 저는 여전히 제가 나아갈 길을 고민하고 있습니다. 그리고 그 고민이 끝나지 않고 언제까지나 계속되어 끊임없이 성장하고 발전할 수 있는 사람이고 싶습니다.

# 끊임없이 고민하고
# 과감하게 도전하기

**윤수경** 전북대학교 컴퓨터공학부 조교수

경희대학교 전자정보학부 전자공학 전공으로 학사 학위를 취득한 후 삼성전자에서 근무하였다. 삼성전자 재직 기간 중 스토리지 컨트롤러와 SSD 관련 펌웨어를 개발 업무를 담당하였고, 회사 퇴직 후 연세대학교 컴퓨터과학과에 석박사 통합 과정으로 진학하여 박사 학위를 취득하였다. 현재는 전북대학교 컴퓨터공학부 조교수로 재직 중이다.

## 그냥 평범한 아이

아주 어릴 때부터 저의 꿈은 기술자가 되는 것이었습니다. 고장 난 전자 제품이나 기계들이 누군가의 손을 거쳐 다시 제대로 작동하는 모습이 참 좋아 보였고, 그러한 전자 제품이나 기계가 어떤 원리로 작동하는지 궁금하기도 했습니다.

초등학교 3학년 때 부모님을 졸라서 컴퓨터 학원에 다니기 시작했고, 'GW-BASIC'이라는 프로그래밍 언어를 배우기도 했습니다. 부모님의 손에 이끌려 억지로 다니던 피아노 학원이 싫어, 관심도 없는 피아노를 배우느니 조금 더 관심 있는 컴퓨터를 배우는 게 낫겠다 싶어서 한 선택이었고, 컴퓨터 학원에서 선생님이 하루하루 내주는 문제를 컴퓨터를 이용해서 풀어내는 것이 그저 재미있었습니다.

지금 생각해 보면 원하는 모양으로 *을 출력하는 것과 같이 매우 간단한 문제들이었지만, 그 문제들을 풀기 위해 해결책을 생각해 내고, 제가 원하는 결과를 도출할 수 있도록 컴퓨터라는 기계를 조작한다는 게 너무 재미있었습니다. 하지만 이때는 프로그래밍 언어가 무엇인지, 이것이 어디에 쓰이는 것인지, 이것을 통해 제가 무엇을 할 수 있는지 그 가능성에 대해서는 전혀 알지 못했습니다.

컴퓨터 학원을 다닌 지 1년도 채 되지 않아 다른 지역으로 이사를 가면서 컴퓨터는 더 이상 배우지 못하게 되었고, 재미있는 무언가를 배웠던 즐거운 경험 정도로만 기억 속에 남게 되었습니다.

# 그냥 평범한 길로

중·고등학교 시절 저는 매우 평범한 학생이었습니다. 다른 이공계 학생들처럼 수학에 특별한 재능을 보였던 것도 아니고, 공부에 큰 흥미가 있었던 것도 아니었습니다. 그렇다고 세상을 바꾸고 싶다는 큰 꿈을 가지고 있지도 않았습니다. 그냥 친구들과 어울려 놀기 좋아하고, 좋아하는 음악을 듣고, 적당하게 공부하고…. 지금 말로 하면 공부와 라이프의 밸런스를 아주 적절하게 맞추어 생활했던 것 같습니다.

진로에 대한 고민도 구체적으로 하지 않았었고, 어렸을 때부터 가졌던 막연한 호기심에 전자 관련 학과를 전공해서 대규모의 전자 회사에 들어가면 된다고 생각했습니다. 중·고등학교 시절 IMF를 겪다 보니, 그래도 안정적인 대기업에 들어가는 것을 제 인생의 최종 목표로 여겼던 것 같습니다. 하지만 공대의 수많은 학과 중에 왜 전자공학을 선택하려 하는지, 전자공학을 전공해서 내가 무엇을 할 수 있을지에 대한 구체적인 고민 없이 그냥 그렇게 평범하게 대학교에 진학하였습니다.

대학 입학 후, 저의 대학 생활은 새로운 경험들의 연속이었습니다. 어린 시절 흥미롭고 재미있는 기억으로 남았던 프로그래밍을 첫 학기 첫 수업으로 다시 접할 수 있었습니다. 그리고 이때서야 프로그래밍이 무엇이고, 이것을 통해 내가 무엇을 할 수 있는지 깨닫게 되었습니다. 초등학교 시절 아무것도 모르고 잠깐 배웠던 코딩 경험이었지만, 프로그래밍 관련 과목을 공부하는 데 많은 도움이 되기도 했습니다. 그뿐만 아니라 컴퓨터 동아리, 로봇 동아리 등 다양한 동아리에 가입하여 다양한 배경의 친구들을 만나는 일은 즐거웠고, 동아리 친구들과 함께 수업 시간에 배운 이론을 넘어 직접 구현하고 만들어 보는 일들은 매우 재미있는 경험이었습니다.

하지만 시간이 지날수록 전공 공부는 점점 더 어려워지고, 구현물이 바로 보이는 몇몇 수업을 제외하고는 눈에 보이지도 않는 무언가를 수학적으로 계산하는 이론 위주의 수업들에 흥미를 잃어 갔습니다. 그러다 보니 그때서야 진로에 대한 고민이 들기 시작했습니다. 지금 내가 하고 있는 공부가 내가 진짜 하고 싶었던 학문인지, 졸업 후 취업은 잘할 수 있을지, 이 분야를 평생의 업으로 삼을 만큼 내가 잘해 나갈 수 있을지 등등, 대학에 입할 때부터 미리 했었어야 하는 진로에 대한 고민을 뒤늦게 하기 시작한 것입니다. 진로에 대한 고민이 깊어지다 보니 자신감은 점점 떨어지고, 그동안 나름대로 열심히 살았던 것 같았는데 막상 졸업을 1년 정도 앞두자 제가 잘할 수 있는 것들은 별로 없는 것 같았습니다.

뒤늦은 진로에 대한 고민 끝에, 가던 길 끝까지 가 보자는 마음으로 취업을 결정하였고, 운이 좋게도 삼성전자 반도체 총괄(현 DS 부문)에 입사하게 되었습니다.

## 인생의 전환점

회사에서의 시간은 진로에 대한 확신이 없던 저에게 인생의 전환점이 되었습니다. 신입 사원으로 개발 초반인 프로젝트에 투입되어 스토리지 컨트롤러의 펌웨어 개발을 담당하였고, 처음으로 개발에 참여한 칩과 그 칩을 사용한 제품까지 양산에 성공하는 경험을 할 수 있었습니다. 그 과정에서 생각지도 못한 수많은 문제들이 발생하였지만, 그 문제의 원인을 분석하여 해결하고 목표치만큼 성능을 개선해 나가는 과정에서 많은 성취감을 느꼈습니다.

회사 분위기상 여성 엔지니어가 극히 드문 상황이었지만, 운이 좋게도 여성 지도 선배를 만나 업무 전반과 더불어 회사 생활에도 수월하게 적응할 수 있었습니다. 그뿐만 아니라, 주변의 좋은 선배, 동료들을 통해 제가 앞으로 무엇을 하면 좋을지 제 진로와 인생에 대한 큰 방향을 잡을 수 있었습니다. 그동안 마음 한편에 늘 불안정하게 남아 있던 진로에 대한 진지한 고민의 답을 찾은 것 같았습니다. 그때까지 저는 막연히 좋아 보이는 일에 대해서만 흥미를 가져왔기 때문에, 어려움에 부딪히게 되면 금방 흥미를 잃는 과정을 반복했던 것입니다. 그러다 보니 제가 하고 있는 일들에 대한 믿음이 점점 옅어지고, 마음 한구석에는 늘 불안함과 답답함이 자리하고 있었던 것 같습니다.

그 후 과감하게 회사를 그만두고 제가 하고 싶은 일, 잘할 수 있는 일을 하기 위해 컴퓨터과학 전공으로 대학원에 다시 진학했습니다. 회사에서의 업무는 재미있었고 만족스러웠지만 제가 하던 일에 대해 학문적으로 좀 더 깊게 공부해 보고 싶은 마음이 들기 시작했고, 제품 개발 일정에 쫓기어 돌아가는 상황보다는 제 스스로가 주도권을 갖고 연구를 진행하고 싶었습니다.

대학원에서의 생활은 너무 만족스러웠습니다. 먼 길을 돌고 돌아 남들보다는 뒤늦게 진학한 학교였기 때문에 대학원에서의 생활은 너무 소중했고, 그랬기 때문에 더욱 열심히 노력하였습니다. 연구하고 논문을 쓰는 것이 저에게 이렇게 잘 맞는 일일 줄은 몰랐습니다.

또한 늘 연구실 학생들을 기다려 주시고 따뜻하게 바라봐 주시는 지도교수님 덕분에 사람을 바라보는 따뜻한 마음을 배울 수 있었고, 학위 과정도 잘 마무리할 수 있었습니다. 제 인생에서 가장 몰입하여 열심히 했고, 또한 그 과정을 즐기며 최선을 다했던 시간들이었습니다. 그리고 그 결과 현재는 학교에 임용되어 교수로 자리 잡을 수 있었습니다.


## 끊임없이 고민하고 과감하게 선택하기

지금 돌이켜 보면 저는 무언가 특출 나지도 않고 너무나 평범했고, 막연한 흥미만 쫓아 먼 길을 돌고 돌아왔지만, 내가 진정 하고 싶은 것이 무엇인지 끊임없이 고민하고 과감하게 선택한 결과 제자리를 찾게 된 것 같습니다. 그리고 주변의 훌륭한 분들의 도움과 조언이 저에겐 큰 힘이 되었습니다.

저는 요즘 진로를 고민하는 학생들에게 이렇게 얘기해 주곤 합니다. 현재의 상황에 제한을 두지 말고 할 수 있는 일들, 하고 싶은 일들에 대해 고민하고 과감하게 행동하라고, 그리고 주변의 여러 사람들과 끊임없이 소통하며 어려움이 부딪혔을 때엔 주저 없이 도움을 요청하라고 합니다. 여성이라는 것 혹은 평범함에 스스로의 잠재력을 가두지 말고 더 넓은 시야를 가지고 스스로의 삶을 개척했으면 좋겠습니다. 저의 경험이 정답이 될 수는 없지만, 더 넓고 큰 길을 갈 수 있는 누군가에게 도움이 될 수 있길 희망합니다.

# 시베리아 횡단 열차가 멈춘 곳에서
# 내딛은 새로운 한 걸음

**전미정** 프리랜서

26인치 검은 캐리어를 끌고 부산에서 동해를 거쳐 시베리아 횡단 열차에 올라탔다. 넓은 대륙을 달리는 기차 속에서 한 시간씩 느려지는 시차를 느끼며, 세상의 속도가 아닌 나만의 속도를 찾았다. 다양한 나라에서 많은 사람들을 만나며 더 자유롭게, 더 다양하고 재미있게 살 수 있다는 확신을 느꼈고, 한국으로 돌아와 오래도록 공부했던 전공을 버리고 iOS 애플리케이션 개발을 배우기 시작했다. 느지막이 일어나 커피를 내려 마시고, 직접 구운 빵으로 아침을 먹고 카페에 나가서 애플리케이션 개발을 한다. 종종 AI 강의를 하며, 공부했던 내용을 Youtube 채널 친절한 AI를 통해 내가 알고 있는 지식을 공유한다.

## 그냥 일 좀 하던 사람

모든 게 순탄했다. 작은 사고도 한번 치지 않고 학창 시절을 보냈으며, 4.5점 만점에 3.8점이라는 좋지도 나쁘지도 않은 적당한 학점을 졸업장에 찍고 대학을 졸업했다. 이후 전공 공부를 더 하면 좋겠단 생각이 들어 대학원 진학을 선택했다. 나노 물질을 합성해 수득률을 계산하고, 암세포에 주입해 치사율이 얼마나 높은지 분석하는 것이 나의 연구 주제였다. 석사 생활을 하는 동안 어쩌다 C학점을 받기도 했지만 박수를 받으며 졸업 논문 발표를 마쳤다.

새로운 걸 배우고, 뭔가를 읽거나 공부하는 걸 좋아했으며, 그런 나를 지지하고 응원하는 사람들이 곁에 있었다. 결코 부자는 아니었지만 매우 가난하지도 않았다. 나는 '나'로서 잘 살아가고 있다고 생각했다.

다시 선택의 시기가 왔고 나는 호기롭게 졸업을 선택했다. 그런데 학교 밖의 세상은 생각보다 조금 차가웠다. 취직에 대한 준비도, 생각도 전혀 하지 않고 해맑게 졸업장만 받아 버린 내가 할 수 있는 건 아무것도 없었다. 반년 정도 실험실에 더 남아 앞으로 무얼 할지 고민했지만, 회사를 가고 싶은 마음도 공부할 마음도 없었다. 주변에서는 일단 자소서를 쓰고 고민하라며 조금씩 독촉하기 시작했다.

진심이 부족한 자소서는 의외로 통과했고, 무슨 일을 하는지도 모르는 곳에서 면접을 보게 되었다. 그런데 막상 면접관들 앞에 서니 나는 마치 오래전부터 그 일을 하고 싶었던 사람처럼 말하고 있는 게 아닌가! 심지어 면접을 보고 나오니 합격에 대한 간절함까지 생겨났으니 참, 사람의 마음이란 알다가도 모를 일이다. 결국 나는 합격했고, 첫 직장을 다니게 되었다.

직장이란 내가 상상했던 것보다 흥미로운 곳이었다. 팀원들과는 대화는 즐거웠고, 나는 꽤 일을 잘한다는 평가를 받게 되어 반년 만에 이런저런 중요한 일을 많이 맡게 되었다. 그리고 무엇보다 내 통장에 차곡차곡 들어오는 월급은 지금까지 느껴 보지 못한 즐거움을 주었다. 힘들게 일한 과거 시간에 대한 보상과 현재의 즐거움 그리고 그리 멀지 않은 미래까지 보장해 주다니! 한 번에 3가지 맛이 나는 사탕 같았다. 덕분에 즐겁게 회사 생활을 시작할 수 있었다.

하지만 1년이 다 되어 갈 때쯤, 묘하게 팀장님은 나를 아주 괴롭혔고 새벽 1시가 넘어서까지 야근을 해야 했다. 일은 미친 듯이 쌓였고, 아침엔 코피가 나고, 밤이 되면 허무했다. 이 회사를 계속 다니는 게 정말 내가 원하는 일일까? 이 일을 하기 위해 내가 태어났을까? 온갖 질문이 나를 괴롭혔고 나는 다시 백수가 되었다.

## 발길 닿는 대로 떠나는 자유로운 여행자

바쁘게 일을 했던 덕분에 통장에는 돈이 꽤 모였고, 시간과 돈이 있는 사람들의 선택! 여행을 떠나기로 했다. 그런데 딱히 가고 싶은 장소는 없었다. 어려서부터 기차를 좋아했고, 언젠가 아주 길고 긴 기차, 시베리아 횡단 열차를 타 보고 싶어 했던 기억이 떠올랐다. 그래, 바로 지금이야!

주위 사람들의 만류와 걱정을 뒤로하고 나는 시베리아 횡단 기차의 종착역이자 시발역, 블라디보스토크에 섰다. 러시아어로 '안녕'도 말하지 못하면서 무작정 상트페테르부르크까지 가는 기차표를 샀다. 왕복이 아닌 편도로. 한국으로 돌아오는 일정은 계획에 없었다.

시베리아는 1년 내내 추운 곳인 줄로만 알았다. 보드카로 추위를 견뎌야 하며 창밖에는 눈과 얼음이 가득한 대륙인 줄 알았다. 그런데 막상 도착하니 블라디보스토크의 8월은 가만히 있기만 해도 땀이 흐르는 매우 익숙한 여름이었다.

일주일간 기차에서 먹을 식량을 잔뜩 짊어지고 오후 4시 시베리아 횡단 기차에 탑승했다. 출발역이라 그런지 객실에는 빈자리가 많았고 창을 통해 비스듬히 들어오는 노을이 빈자리를 채워 갔다.

놀 거리가 존재하지 않는 기차에서 할 수 있는 건 한국에서 챙겨 온 책을 읽는 일…이 아니라 멍하니 창밖을 내다보는 일이었다. 매일 같은 듯 조금씩 달라지는 풍경은 익숙해질 듯 익숙해지지 않아 자꾸만 내 눈길을 빼앗았다. 한국에서는 보기 힘든 끝없는 지평선, 너무 빽빽해 무서워 보이는 검은 숲 그리고 그 땅에 발붙이고 사는 사람들의 알록달록한 나무집이 창밖으로 스쳐 지나갔다.

드넓은 시베리아 대륙을 지나가다 보면 더 이상 할 이야기도 없고, 고민도 없다. 창밖의 위대한 자연, 사람의 침묵 그리고 묵직한 기계의 덜컹거리는 소리가 있을 뿐이다. 깊은 정적은 처음엔 나를 불안하게 만들었지만 한 시간씩 느려지는 시차에 따라 나는 빠르게 쫓아가던 도시의 시간에서 벗어날 수 있었다.

덜컹거리는 기차를 180시간 동안 타고 바이칼과 모스크바를 거쳐 상트페테르부르크까지 달렸다. 시베리아 횡단열차의 종착역, 상트페테르부르크에서 버스를 타고 핀란드로 이동해 유럽 여행을 시작했다. 당장 내일 어딜 갈지, 어느 숙소에서 묵을지 정해진 건 없었다. 떠나기 전날 혹은 당일 정하며 길을 나섰다.

흔히 '유럽 여행' 하면 떠오르는 아름답고 편안한 여행이 아니었다. 매일매일 짐을 싸고 풀고, 이동하고, 숙소를 찾고, 언어는 계속 바뀌고…. 그렇게 여행을 시작한 지 100일쯤 지나니 가장 자유롭고 행복한 순간은 아무 계획 없이 다니다 길을 잃을 때였다. 길에서 만난 아무와 대화를 나누고, 아무 식당에 들어가 맥주를 마시고, 아무 길에 서서 바람을 맞는 순간이 진정으로 내가 '나'일 때였다. 내가 무척 좁은 세상에 살고 있었음을 깨달았다.

여행을 하면 할수록 더 즐겁고, 자유롭게, 그리고 원하는 곳에서 원하는 일을 하며 살 수 있을 거란 예감이 강하게 다가왔다. 모든 길 위에서 나는 세포가 감격하는 것을 느꼈다. 그래, 앞으로는 이렇게 살아야지!

이태리 친퀘테레에서 등반 후 만끽하는 바람

# 여행에서 배운 대로!
## 일단 시작해 보는 늦깎이 학생

러시아에서 시작한 여행은 유럽 14개국을 거쳐 터키에서 마무리되었다. 비현실적으로 아름다운 풍경과 자유로움에 빠져 있던 터라 한국에 돌아와서 한참 동안 아무것도 할 수 없었다. 내가 느꼈던 자유와 위대한 진리는 한국에서 모두 무효가 되어버린 것만 같았다. 할 수 있는 건 그저 지난 여행의 사진을 보고 또 보는 것뿐.

120일이 넘는 여행을 하는 동안 찍은 사진은 스마트폰에 무섭게 쌓여 있었다. 다시 보는 건 너무도 좋았지만 도무지 정리할 엄두가 나지 않았다. 분명 잊지 못할 장소와 아름다운 기억인데, 시간이 지나면 내가 간 곳이 어딘지, 어떤 경로로 다녔는지 희미해지는 게 너무 아쉬웠다.

여행 경로 지도

스마트폰에 잔뜩 쌓여 있는 사진으로 나의 소중한 여행을 간직할 수 있다면 얼마나 좋을까? 여행 관련 애플리케이션 중에 원하는 게 있을 거라 생각했지만, 아무리 찾아봐도 내가 만족하는 애플리케이션을 찾을 수 없었다. 결국 나는 내게 필요한 애플리케이션을 직접 만들기 위해 iOS 개발을 배우기로 마음을 먹었다. 안드로이드가 아닌 iOS인 이유는 내가 오랜 iOS 사용자이기 때문, 별다른 이유는 없다.

지금까지 개발에 대해서는 한 번도 들어 본 적도 없고, 주변에 IT 관련 일을 하는 사람도 없어 정말 아무것도 몰랐지만, 일단 배워 보고 아니면 그만두면 된다는 생각이 들었다. 긴 여행에서 그랬던 것처럼, 가 보고 싶은 길은 일단 가 보자! 길이 막혀 있으면 되돌아가면 된다. 안 될 이유 어디에도 없지 않은가?

호기롭게 마음을 먹었지만 막상 개발을 시작하는 건 그리 쉽지 않았다. 여기저기 찾다가 강남의 한 개발 학원에서 iOS 3개월 과정을 배워 보기로 했다. 아침 9시부터 막차 시간까지 쉼 없이 배워도 시간이 부족했다. 온통 낯선 컴퓨터 용어와 iOS 아키텍처를 이해하기 위해 노력했는데, 꽤 재미있었다. 내가 이렇게 공부한 적이 있었나 하는 생각이 들었다.

학원에서 보내는 시간이 길어지는 만큼 동기들과 친해졌다. 과정 내내 나는 내가 어떤 애플리케이션을 만들고 싶은지 이야기했고, 과정 수료 후 동기들과 팀을 이뤄 여행 애플리케이션을 구체화했다. 다섯 명이 천천히 함께 만들어 낸 여행 애플리케이션이 'maptales'다.

스마트폰으로 사진을 찍으면 날짜는 물론 GPS 정보까지 사진에 담기는데, 사용자가 그 정보를 활용할 기회가 별로 없다는 점에서 아이디어를 얻었다. 스마트폰에 저장된 사진으로 지도 위에 사진이 찍힌 순서대

처음 출시한 애플리케이션, maptales

로 그려 주는 게 maptales의 핵심 기능이다. 여행마다 느꼈을 감정과 분위기가 다르다는 특성을 고려해 지도, 사진 모양, 경로 색깔 등을 다양하게 선택할 수 있어 다양한 여행 지도를 만들 수 있다.

엄청난 인기를 끌거나 많은 돈을 벌지는 못했다. 하지만 애플리케이션 스토어 여행 카테고리에서 오랫동안 1위를 유지하고, 사용자에게 사랑도 많이 받아 굉장히 뿌듯했다. 즐거운 시간이었지만 우리는 각자의 이유로 더 이상 maptales를 운영하지 않게 되었고, 팀원들은 뿔뿔이 길을 찾아 떠났다.

첫 번째 애플리케이션을 출시한 뒤, 개발을 하길 잘했다는 생각이 들었다. 걱정했던 것보다 나는 개발에 소질이 있었고 무엇보다 너무 재미있었다. 그 후로 나는 계속 애플리케이션 개발자로 살아가고 있다.

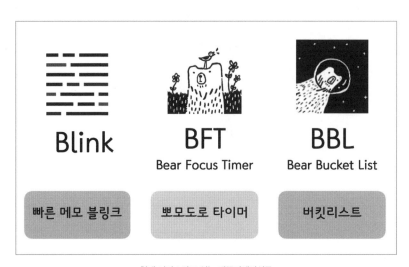

**Blink**

빠른 메모 블링크

**BFT**
Bear Focus Timer

뽀모도로 타이머

**BBL**
Bear Bucket List

버킷리스트

현재 서비스하고 있는 애플리케이션들

## 자유롭고, 천천히 내 길을 찾아가는 사람

나는 직장이 없다. 출근 시간도 없다. 느지막이 일어나 커피를 내려 마시고, 직접 구운 빵으로 아침을 먹고 카페에 나가 개발을 한다. 마감 일도 없다. 어떨 땐 밤을 새워서 작업을 하기도 하고, 어떤 때는 한 달 내내 놀기도 한다. 매일 똑같은 곳에 나가 똑같은 일을 해야 할 필요가 없다. 나는 가고 싶은 곳에 가고, 만나고 싶은 사람들을 만나고 쉬고 싶 을 땐 가만히 멍 때린다.

덕분에 나는 공부할 수 있는 시간이 많다. 충분히 놀고 쉬고 마음껏 공부할 수 있다. 요즘의 나는 인공지능에 푹 빠졌다. 신기하고 가능성 이 많은 새로운 기술은 언제나 나를 깨어 있게 한다. 신나게 기술을 공부하고 내가 알고 있는 내용을 공유한다. 요즘엔 인공지능으로 강의도 하고, Youtube 채널도 운영한다. 그리고 나머지 시간엔 또 새로운 애플리케이션을 개발한다.

끊임없이 변하고, 새로운 기술이 등장하는 IT 업계는 내게 자유와 가능성을 보여 주었다. 나노 물질을 합성하고 세포실험을 했던 나를, C언어도 사용해 본 적 없는 나를 이곳에서는 기꺼이 받아들여 줬다. 그 누구의 지시 없이 내가 좋아하는 걸 공부하고, 공유하고, 만들어 갈 수 있다. 그렇기에 내가 무엇을 원하는지 마음껏 고민하고, 실행할 수 있다.

이 책의 제목처럼 거창하게 세상을 바꿀 힘이 내겐 없다. 하지만 내 삶은 내가 바꿀 수 있다. 많은 사람들이 세상을 바꾸려 하기보다 자신의 삶을 원하는 대로 만들어 가면 좋겠다. 각자의 길이 다양하게 만들어져서 세상이 한층 더 다채로운 색으로 칠해지길, 작은 점이 모여 톡톡 튀는 재미난 세상으로 변화하는 모습을 기대해 본다.

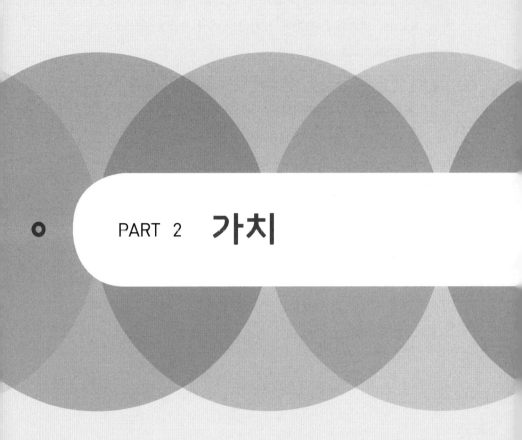

PART 2 **가치**

: 자신의 자리에서 소중히 쌓아 올리는 시간들

# 어쩌다 서 있던 이 길이
# 나의 길이 되었다

**김수경** 한국전력공사 전력연구원 선임연구원

성균관대학교 신소재공학과에서 학사와 석사 학위를 취득하였다. 졸업 후 LS엠
트론 중앙연구소에서 연구 및 특허 업무를 수행하였으며, 현재 한국전력공사 전
력연구원에서 태양전지 기술을 연구하고 있다. 향후 신재생에너지 분야를 선도
하는 연구원이 되기 위하여 현재를 충실히 살아가고 있다.

나는 장래 희망이 수시로 바뀌는 사람이었다. 변호사를 꿈꾸기도 했고, 역사학자가 되고 싶었던 때도 있었다. 수학·과학에 전혀 관심이 없던 내가 과학에 관심을 갖게 된 것도 중학교 시절, 좋아하던 남학생이 과학 선생님과 친하다는 단순한 이유에서였다. 과학 선생님과 친해지면 그 남학생과 한마디라도 더 주고받을 기회가 생기지 않을까 싶어 수업도 열심히 듣고, 따로 공부를 하며 질문거리를 만들어 과학 선생님을 자꾸 찾아가곤 했다. 결국 그 남학생에게는 마음을 전하지 못했지만 그때부터 과학에 흥미를 가지기 시작했고, 그 이후 고등학교에서 이과를 선택하게 되었다.

그러나 이과에 진학한 이후에도 내가 공학인이 되어 살아가게 될 줄은 몰랐다. 교사를 꿈꾸며 여러 대학의 교육과에 원서를 넣었지만, 최종 합격한 곳은 유일하게 공학계열을 지원하였던 성균관대였다. 내 삶은 내가 꿈꾸고 계획한 대로 흘러가지 않았지만, 지금 이 순간 돌이켜 보면 그 모든 걸음들이 내가 이 자리에 있을 수 있도록 자양분이 되어 주었다.

아직 여성 공학인이라는 타이틀이 한없이 부족한 내가 이 원고를 작성할 자격이 있을까 고민이 많았지만, 지금 처한 상황이 미래를 그리기에 막막한 후배들이 있다면 내 경험이 조금이라도 위로가 되었으면 좋겠다는 생각에 조심스럽게 내 이야기를 나눠 보고자 한다.

## ●인생은 계획대로 흘러가지 않는다

공학계열에 입학하여 과를 선택할 때, 나는 주저 없이 신소재공학과를 선택했다. 그 선택에는 아버지의 영향이 컸다. 아버지는 지금까지도 철강업에 종사하고 계신다. 아버지 회사에 한 번씩 몰래 찾아가곤 했는데, 일에 집중하고 계시다가 내가 왔다는 것을 아신 아버지가 환한 미소를 띠며 나에게 다가오실 때, 그 주위에서 나는 금속 냄새가 나는 희한하게도 참 좋았다.

처음 공학계열에 입학한 것은 내 의지와 달랐지만, 공학도가 되어야 한다면 금속공학을 연구하고 싶었다. 금속과 관련된 수업은 매 학기 꼭 수강하며 아버지처럼 철강업에 종사하겠다는 생각을 했다. 그래서 석사도 전기화학응용연구실에서 금속의 부식에 대하여 연구하여 학위를 취득하였다. 나는 내가 당연히 철강업이나 중공업에 종사할 줄 알았다.

그런데 몸에 이상이 찾아왔다. 석사 과정을 지내는 동안 나는 4번이나 응급실에 가야 했고, 입원과 수술을 반복했다. 혼자 자취방에 있을 때 통증이 찾아왔고, 부모님이 오실 때까지 기다리는 그 시간이 너무나 괴롭고 공포스러웠다. 내가 가고 싶었던 철강회사들은 집에서는 출퇴근이 힘든 지역에 있어 집에서 독립해야 했는데, 혼자 있을 때 또다시 아플 수도 있다는 두려움에 집에서 통근할 수 있는 연구소를 우선적으로 생각하게 되었다. 집에서 출퇴근이 가능했던 연구소 중 LS엠트론에 입사하여 전해동박에 관한 연구를 수행하게 되면서 나의 연구직 생활은 시작되었다.

## 돌고 돌아 다시 연구원으로

공학인의 길에 접어들면서, 나는 단 한 번도 연구원이 아닌 직업을 생각해 본 적이 없었다. 지금 생각해 보면 나는 참 단순한 사람이었던 것 같다. 교사를 꿈꾸다 공대에 왔으니 공학인이 되면 되고, 철강업에 종사하고 싶었지만 상황이 여의치 않으니 전해동박을 열심히 연구하면 된다고 생각했다. 내 생각과 다른 길이 열릴 때, 나는 고민하기보다는 받아들이고 그대로 쭉 직진하는 삶을 살았던 것 같다. 그런데 연구직을 벗어나게 되었을 때에는 고민이 컸다.

처음 입사 당시에는 중앙연구소에서 일을 하여 집에서 출퇴근이 가능했다. 야근을 하는 날도 더러 있었지만, 적어도 부모님이 계시는 집으로 퇴근하여 잠들 수 있다는 것에 감사했다. 그러나 점점 출장이 늘어나며 KTX의 VVIP 회원이 되고, 주중에 2일 이상은 밖에서 자는 것이 일상이 되었다. 이런 생활이 지속되면서, 나는 또다시 병원에 입원하게 되었다. 감사하게도, 이런 내 상황을 알고 계시던 CTO께서 출장을 많이 다니지 않도록 배려해 주시면서 단기 특허TFT에 들어가게 되었다.

나는 특허에 대해 아는 것이 많이 없었다. '연구원이 새로운 연구를 하면 그게 특허가 될 수 있다' 정도의 아주 얕은 지식뿐이었다. 그러나 특허TFT에서 내가 알고 있는 지식 정도로는 제대로 업무를 수행할 수 없었다. 특허TFT에 속해 있던 특허팀의 팀원들은 나에게 기본부터 차근차근 친절하게 알려 주었다. 처음에는 내가 아무 도움도 되지 못하고 오히려 민폐가 되지 않을까 걱정도 많이 했지만, 특허에 대하여 어느 정도 이해도가 높아지자 내가 가지고 있던 공학적인 지식으로 도움을 줄 수 있는 상황들이 생겨났다. 공학적인 관점에서 제안한 내용이 하나의 해결 방안이 되었을 때 희열감도 맛볼 수 있었다. 그러나 나는 당연히 시간이 지나면 연구원으로 돌아갈 것이라고 생각했다. 하지만 TF가 종료된 이후 나는 특허팀으로 부서를 옮기며 연구직을 떠나게 되었다.

특허 업무를 수행하는 데 연구원이었던 경력은 큰 도움이 되었다. 이전 팀의 연구원들은 나를 호의적으로 대해 주었고, 연구 분야에 대한 이해도가 높으니 특허 아이디어를 도출하기도 유리하였다. 나는 특허팀의 일원으로서 내 역할을 해나가며 그럭저럭 잘 지내고 있었다. 그렇지만 연구직에 대한 갈망이 사라지지 않았다. 연구직들과 특허 상담을 하고 나면, 나도 저렇게 연구를 수행하면서 새로운 것들을 개발하고 싶은 아쉬움이 떠나지 않았다. 다시, 연구직으로 돌아가야 할 것 같았다.

그동안은 내 앞에 닥쳐온 상황들에 순응하고 적응하면서 쭉 달려오던 내가 처음으로 하던 일을 중단하고 이직을 결심했다. 표면적인 이유는 남편의 직장이 있던 대전 지역으로 거처를 옮기기 위해서였지만, 가장 큰 이유는 연구직으로 다시 돌아간다는 것에 대한 설렘과 감사함이었다. 전력연구원에 입사하면서 나는 돌고 돌아 드디어 금속의 부식에 대해서 연구할 수 있게 되었다.

지나온 시간들 덕분에 내가 연구직에 종사한다는 것에 감사할 줄 알게 되었고, 새로운 것에 도전할 수 있는 용기도 얻을 수 있었다. 내 계획과 다르게 흘러갔던 그 모든 시간이 지금의 나를 만들어 주었기에, 이제는 내 생각과 다른 일들이 벌어지더라도 당황하기보다는 다시 시작해 보려는 의지가 생기는 것 같다.

## 임신과 출산이
## 여성들만의 고민이 되지 않기를

어머니께서 나를 키우실 때, 가장 싫어하시던 말이 있었는데 바로 '큰 딸은 살림 밑천'이라는 말이었다. 지금이야 그런 말을 쓰는 사람이 없지만, 6남매의 장녀로 자라면서 많은 것을 포기해야 했던 어머니께서 수도 없이 들으신 말이었다. 내 딸은 그렇게 키우지 않겠다는 어머니의 신념 덕에 내가 딸이라서, 여자라서 겪는 불합리함은 전혀 느끼지 못하고 자라 왔다. 인형보다 팽이를 좋아해도, 치마를 잘 입지 않으려 해도, 이과를 선택했을 때도 어머니는 항상 지지를 보내 주셨다.

남자가 훨씬 많은 직장에서 생활하면서 겪는 힘든 점들도 있었지만, 그건 내가 여자라서라기보다는 각자 잘하고 못하는 것이 다르기 때문에 생기는 일이라고 생각했었다. 그랬던 내가 여자이기 때문에 어려움을 느낀 것은 바로 임신과 출산이었다.

내가 석사 학위를 받고 졸업할 때, 지도교수님께서 해 주신 말씀이 있다. 내가 박사 과정에 진학했으면 좋겠지만, 내가 여자이기 때문에 결혼·출산에 대한 부분이 인생에서 민감할 수밖에 없고, 박사 과정 때문에 결혼이나 출산이 미뤄지는 것이 개인의 행복에 어떤 영향을 미칠지를 잘 고려해야 한다고 하셨다. 그때에는 그저 돈을 빨리 벌고 싶어서 석사 졸업을 택했는데, 이후 교수님의 그 말씀이 나를 정말 많이 생각해 주신 말씀이었음을 깨달았다.

처음 직장에 임신을 알렸을 때, 나의 상사는 그 소식을 들은 바로 당일 점심에 몸에 좋은 맛있는 점심을 사 주시며 진심으로 축하해 주셨다. 그리고 팀원들은 최대한 나를 배려해 주고, 내가 하기 힘든 일들을 대신해 주면서 한 번도 불평불만을 하지 않았다. 세상에 이런 행운이 어디 있을까. 이전에 다른 여자 선배들이 직장에 임신 사실을 알렸을 때, 환영받는 경우보다 그렇지 못한 경우가 더 많았다는 것을 알고 있었다. 그래서 임신 사실을 알리는 것이 참 걱정이었는데, 축하와 배려를 받으니 정말 감사했다. 그래서 만삭 때까지도 생글생글 웃으며 일할 수 있었던 것 같다.

하지만 임신은 생각보다 만만한 것이 아니었다. 배려를 구해야 하는 일이 생기면 그 말을 꺼내기가 너무 죄송스럽고, 그런 말을 해야 하는 상황 자체가 원망스럽기도 했다. 그리고 간혹 '출산휴가, 육아휴직을 당연하게 쓸 수 있어서 좋겠다. 그렇게 쉬고 와도 경력이 인정된다는 게 말이 돼?'라고 농담처럼 던지는 말이 비수가 되어 마음에 박힐 때도 있었다. 그때 속으로 '나도 집에서 애 보는 거 말고, 그냥 계속 일하고 싶은데. 그래도 누군가는 애를 봐야 하는데, 남편은 육아휴직이 어려운데….'를 되뇌며 집에 와서 울기도 했다.

육아휴직을 보낸 이후 복직을 잘할 수 있을까에 대한 걱정도 있었다. 육아휴직 기간에는 주로 시간을 아이와 보내다 보니 세상과 점점 단절이 되는 기분이 들었다. 이러다 복직을 하면 혼자 뒤떨어져 있을 것 같은 두려움이 있었다. 실제로 복직을 한 이후, 한동안 팀원들이 논의하는 내용을 다 알아듣지 못하면서도, 이것도 모르는 내가 너무 부끄러워서 아는 척하고 있던 시간도 있었다. 다행히 수개월 안에 어느 정도 정상궤도에 진입했지만, 그때 느꼈던 자괴감은 다시 겪고 싶지 않았다. 남편에게 만약 우리가 둘째를 갖는다면 육아휴직은 꼭 당신이 쓰라고 말하기도 했다.

다행히도 내가 복직한 이후, 육아로 인해서 회사 생활이 크게 지장을 받는 일은 없었다. 남편이 최선을 다해 육아에 참여한 덕분이기도 했고, 어린이집이나 유치원에서 맞벌이 부모의 자녀들을 아침 일찍부터 저녁 늦게까지 봐줄 수 있는 여건이 마련된 덕분이기도 했다. 그러나 가장 큰 이유는 아이가 입원을 하거나 장기간 아픈 적이 없었고, 어린이집과 유치원을 좋아했기 때문이었다. 하지만 이런 경우는 운이 좋은 경우이다. 어린 아이들은 수시로 아프고, 가끔은 등원을 거부하기도 한다. 그러면 부모들은 아이를 위해 일을 내려놓아야 하는지에 대한 고민에 빠지게 된다.

최근 남성들의 육아휴직이 늘어나고 있다는 소식이 참 반갑다. 워킹맘 혼자만의 문제가 아니라, 양육을 필요로 하는 자녀를 가진 부모들이 함께 고민하고, 사회가 함께 고민해 준다면 여성들이 일하기에 더 좋은 세상이 오지 않을까 생각한다. 여성들이 일과 육아 둘 중 하나를 선택해야 하는 상황이 아니라, 어떻게 하면 양질의 일과 육아를 함께해 나갈 수 있을까를 고민하는 환경이 만들어지길 바란다.

## 나도 그대들과 같이 성장하겠다

나는 아직 후배들에게 조언을 해 줄 만한 많은 경험도 없고, 나도 같이 성장해 나가고 있는 사람일 뿐이다. 선배라는 말도 나에게는 너무 거창한 것 같다. 나도 그저 멋진 여성 공학인 선배들을 보며, 내 미래도

저분들처럼 빛나기를 바라며 살아가고 있다. 나는 다른 멋진 선배들처럼 뚜렷한 목표의식과 자기 삶을 개척해 나가는 대단한 의지 같은 것은 없었다. 그저 상황에 맞게 그때마다 받아들이거나 선택을 하고, 하루하루를 노력하며 채워 나갔을 뿐이다.

사람들이 나에 대해 해 주는 좋은 평가 중 가장 기분이 좋은 말은 '성실하다'는 평가이다. 특출나게 뛰어난 점이 없어 눈에 띄는 무언가는 없지만, 성실함으로 내게 주어진 일에 임했다. 그 결과 이렇게 후배들에게 글을 남길 수 있는 귀한 기회가 주어졌다고 믿는다.

전력연구원에 입사한 후, 금속의 부식을 계속 연구할 것이라 생각했는데, 현재 나는 태양전지를 개발하는 연구를 수행하고 있다. 그렇지만 금속의 부식에 대한 지식은 태양전지 열화를 공부하는 데 도움을 주었고, 연구 방향을 넓힐 수 있는 좋은 자원이 되어 주었다.

지나온 시간들 중 힘든 시간도 있었지만, 쓸모없는 시간은 하나도 없었다. 각자의 자리에서 각자의 시간을 소중하게 쌓아 가고 있을 후배님들을 응원한다. 나도 더 나은 선배가 되어 후배들에게 진정한 도움이 될 수 있도록 노력하겠다.

# 지금에 충실한 프로가 되자

**나정은** 연세대학교 학부대학 교수

연세대학교 컴퓨터과학을 전공으로 학사, 석사, 박사 학위를 취득하였다. 엑센추어(Accenture) 경영자문부(1990년부터 1997년까지)에서 IT 비즈니스 컨설팅 사업을 수행하고, IBM 컨설팅 사업부(1997년부터 1999년까지)에서 IT 솔루션을 적용하는 다수의 컨설팅 프로젝트를 수행하였다. 이후 연세대학교 학부대학(1999년부터 현재까지)으로 자리를 옮겨 산업 현장에서 배운 경험을 바탕으로 교육현장에서 4차 산업혁명의 근간인 ICT 능력을 갖춘 인재들을 양성하기 위해 정보기술 교육에 힘쓰고 있다. 또한 여성들의 사회 진출에도 관심을 갖고 학생들을 진로 지도하고 있으며 여성 후배들을 위한 멘토링 활동에도 참여하고 있다.

어디서부터 이 글을 시작해야 하나 고민하다가, 한국여성공학기술인 협회에서 왜 『세상을 바꾸는 여성 엔지니어』라는 책자를 발간하는지 잠깐 생각해 본다. 이 글을 읽는 사람은 전공과 관련하여 정보를 찾으려는 학생, 아니면 지금 하고 있는 일과 관련하거나 아니면 다른 준비로 고민하는 사람이 아닐까 하여, 내가 전공을 처음 정할 때부터 현재까지 지내온 과정을 얘기해 주는 것이 도움이 될 것 같아 전공 선택부터 지금의 나에 대한 이야기를 들려주려 한다.

## 나는 왜 컴퓨터를 전공했나?

내 전공은 컴퓨터과학(Computer Science). 하지만 나는 처음부터 컴퓨터를 전공하려는 계획은 없었다. 이과 여학생이 공부를 잘하면 막연히 의대를 생각한다. 나도 그런 부류였던 것 같다. 나는 벌레를 아주 싫어하고 동물도 무서워한다. 의대라는 진로에 대해 깊게 생각해 보지 않고 대략 성적에 따라 진로를 설정하면서 고등학교 시절을 보냈다. 내가 첫 시험을 보던 해는 문제 난이도가 쉬워 학력고사 고득점자가 많이 나온 해다. 원래 계획대로 의대를 지원했지만 첫 대입에 실패를 했다.

재수하는 과정은 어렵지는 않았지만 다시 또 원서를 넣고 합격/불합격을 판단하는 자리에 서는 것이 두려웠다. 한 번 실패를 맛본 사람은 또 한 번의 실패가 더 두려워 모험을 하지 못한다. 나는 조금 더 안전 지원하기로 생각하고 컴퓨터과학을 선택했다. 컴퓨터과학은 친구의 친구가 전공하고 있어서 얼핏 이름은 들어 보았지만 정확히 무엇을 하는 학문인지는 몰랐다. 그저 의대가 아닐 바에야 완전히 새로운 분야를 하는 것이 낫겠다는 생각이었다.

입학을 하고 정신없이 1학기를 보내고 2학기가 되니 다시금 의대 생각이 나기 시작했다. 선지원하고 합격 발표 후 커트라인이 공개되다 보니 의대에 가도 되었을 상황이란 것을 알게 되었기 때문이다. 단풍이 들어 운치 있는 가을이 되어도 나의 고민은 끝이 나지 않았지만 문득 이런 생각을 하게 되었다. '어떻게 될지 모르지만 지금 하는 것을 열심히 해 보자. 이것도 제대로 못하면 인생에서 또 다른 일이 생겼을 때 이겨 내지 못할 것이다.' 이후로 의대에 대한 미련은 완전히 접었다.

나는 그때부터 내가 선택한 컴퓨터과학을 제대로 공부해야겠다고 생각하며 도서관으로 향하곤 했다. 하다 보면 재미를 느끼게 되는 것 같다. 어려워도 하고 또 하면 그 고비를 넘게 되고, 그렇게 공부하다 보면 알게 되고 알게 되니 싫지 않아졌다. 내가 공부하게 된 배경은 이런 과정이었던 것 같다. 공부를 하면 새로 얻는 지식도 있지만 모르는 것을 알기 위해 더 파고드는 과정의 연속이었다. 배움은 쉽지는 않지만 그 고비를 넘겼을 때 성취감을 얻는다. 새롭게 알게 된 것은 나를 한층 더 업그레이드해 주는 기분이다.

로버트 프로스트는 그의 시 「가지 않은 길」에서 이렇게 말한다. "두 갈래 길이 숲속으로 나 있었다. 나는 사람이 덜 밟은 길을 택했고, 그것이 내 운명을 바꾸어 놓았다."라고. 다시 기회가 주어져서 스무 살의 나로 되돌아가도 아마 나는 똑같은 선택을 할 것이다. 이미 선택한 전공에 대해 갈등하는 젊은이가 있으면 나는 이렇게 얘기해 주고 싶다. 일단 걸어가 봐라. 그 길에도 나무가 있고 꽃도 있고 기분 좋은 바람도 분다.

# 나는 무엇을 할까?

새로운 길을 걸어가는 사람에게는 앞선 사람의 발자국이 보이지 않는다. 컴퓨터과학이란 분야는 새로운 길이었기에 앞선 사람이 없었다. 그때에는 이런 상황이 마냥 답답했었다. 누군가가 '이것이다'라고 분명히 말해 주면 좋겠는데 아무도 답을 주지 못한다. 저 앞에 푯대라도 보이면 쫓아가고 싶은 마음이지만 이마저도 잘 보이지 않았다.

사실 이런 상황은 지금도 마찬가지이다. 인생의 길은 혼자 걸어갈 뿐, 다른 사람의 그림자를 따라 걷는 것이 아니기 때문이다. 남이 하지 않았던 컴퓨터과학을 처음 공부하기 시작해서가 아니라, 어차피 모든 사람은 각자 자기만의 인생의 길을 가는 것임을 이제는 알 것 같다. 그 시절 젊은 날의 갈등은 예나 지금이나 마찬가지이다. 길이 보여서 걸어가는 것이 아니라 매일매일 한순간 한순간 묵묵히 걸어가는 것이기 때문이다.

가끔 학생들이 진로 상담을 위해 찾아와서 보이지 않은 미래에 대한 고민을 털어놓곤 한다. 그럴 때면 나의 경험에서 느꼈던 내 생각을 들려주곤 한다. 우리가 등산을 갈 때 어떻게 산행을 하는지 생각해 보게 한다. 목적과 방향에 따라 길을 가긴 하지만 아주 상세한 계획을 가지고 걷지는 않는다. 어느 방향으로 몇 킬로, 어느 방향으로 몇 킬로, 큰 그림의 목적지 방향은 있지만 아주 상세한 지도(어느 방향으로 몇 걸음, 어느 방향으로 몇 걸음 등등)로 가는 것은 아니라는 것을.

성경 시편에도 '주님은 나의 등불, 내 앞에서 어둠을 몰아내 주십니다.'라는 구절이 있다. 내 발 앞에 등불밖에 보이는 것이 없어 이 등불에 의지하고 갈 수밖에는 없는 상황이지만 보이지 않는 미래에 대해 너무 걱정하지 말라는 이야기이다. 한 치 앞도 모르는 미래지만 내가 걷는 오늘의 한 걸음이 곧 다가오는 미래이다. 학생이 보기에 다 이루었을 것 같은 어른으로서의 나의 오늘의 모습도 나에게는 아직도 걸어가야 하는 나의 길 위의 모습이며, 오늘도 나는 나의 한 걸음에만 집중하여 걷고 있음을 이야기해 주곤 한다.

대학 입학 직전 우연히 만난 러셀과 톨스토이의 책들에서 나는 현실에 직시하는 법을 배운 것 같다. 과거는 이미 지나간 시간이라 후회하여도 할 수 있는 것이 없고, 오지 않은 미래는 신의 영역이라 내가 할 수 있는 것이 없다. 살아 있는 나를 느끼며 내가 할 수 있는 것은 오직 하나, 현재 이 순간에 충실히 임하는 것밖에 없다는 점. 이 한마디가 오늘날까지 나를 지탱하게 해 주는 힘이다. 그래서 나는 모든 것을 열심히 하고자 한다. 왜? 내가 할 수 있는 것은 이것밖에 없으니까.

다만 나는 이 일을 잘하기 위한 '선한 동기'를 염두에 둔다. 남과 비교하지 말고 열심히 하다 보면 결과가 생기고, 이 결과를 가지고 있으면 반드시 기회가 온다고 믿는다. 왜냐하면 어느 분야든 그 분야가 필요한 기회는 있기 때문이다. 다만 그 기회가 왔을 때 준비된 내가 있느냐의 없느냐의 차이이다. 감사하게도 나는 이런 기회를 여러 번 경험했다.


## Think & Think


나의 첫 직장은 엑센추어(Accenture, 당시는 Andersen Consulting). 당시

에는 컨설팅이라는 분야가 생소한 시절이라 부모님은 유령회사에 다니는 것 아닌가 하는 걱정도 하셨다. 외국계 회사로 진로를 생각한 것은 우리나라 기업의 여성 차별적인 환경 때문이었다. 그때에는 여성과 남성의 호봉 차이도 있었고, 여성들이 사내에서 유니폼을 입던 시대였다. 지금의 교보빌딩에 위치해 있던 회사는 카펫이 깔려 있고 휴게실에 커피 머신이 있고 도어락이 있어 언제든지 주말에도 문을 열고 들어갈 수 있는 환경이었다. 지금 생각해 보면 너무 당연한 환경이지만 1990년대에는 이런 환경이 흔치 않았다.

경영자문부에서는 클라이언트 회사의 업무를 분석하고 진단하여 비즈니스 환경에 더 좋은 솔루션을 제안해 주는 IT 컨설팅을 제공하는 업무였지만 경영을 제대로 공부해 보지 않았기에 나는 주말에도 출근하여 사내 자료로 비즈니스 전반에 대한 공부를 하곤 했다. 새로운 것을 배우는 것은 도전이기도 했지만 즐거웠다. 이런 나의 모습 때문이었는지 나는 시카고 본사에서 일할 기회를 갖게 되었다.

앤더슨 컨설팅의 사훈은 'Think Straight, Talk Straight', 동기들끼리는 'Drink Straight, Walk Straight'를 외치고 다녔지만 이때 나는 사훈의 매력에 흠뻑 빠져 있었던 것 같다. 생각을 straight로 하는 것은 무엇일까, 말을 straight로 하는 것은 어떤 것일까라는 생각을 혼자 많이 했었던 것 같다. 아마도 실력과 신념의 결과가 straight로 나타나는 것이 아닐까 싶다. 시카고 오피스에서의 경험은 'Professional이라면 이렇게 해야 한다'는 것을 책이 아니라 몸으로 배운 시간이었다.

특히 여성이지만 여성성을 내세우지 않고 일하는 것이 필요하다는 것을 배운 시간이었다. 여성 비즈니스 복장은 장식이 거의 없는 슈트 차림이었으며 머리를 묶어 목덜미를 내놓지 않고 치마 길이가 너무 짧지 않는 등, 패션으로 인해 일에 방해가 되지 않도록 하는 모습이었다.

여성·남성을 완전히 구분하지 않는다고 생각하였으나 진급에 누락된 부서 여직원을 위로해 주다가 유리천장(glass ceiling)이라는 이야기를 처음 듣고, 미국에서도 남녀 차별이 있다는 것을 알게 된 순간도 있었다. 공평하게 보였던 미국 사회에서도 남녀 차이가 있다는 것을 알게 되니 이를 넘어야 하는 것은 정말 동서양을 막론하여 여성들이 노력하여 극복해야 할 과제임을 다시 느끼게 되었다. 여성임을 내세우지 않고 일하는 것은 내 나름의 원칙이었고 그렇게 하려고 1.5배 이상 더 노력했던 것 같다.

부장으로 승진하여 일하던 때 아이가 갑자기 아파서 입원하는 상황이 생겼고, 남의 손에 맡겨서 키워야 하는 워킹 맘의 마음에는 죄의식 같은 것이 자라났다. 당시 컨설팅 업계에는 여성 선배들이 없었다. 해외 출장 때 내 옆자리에 앉았던 나이 지긋한 남성분이 나를 보며 '신여성'이라는 표현으로 격려해 주시던 생각이 난다. 일은 힘들지만 일을 통해서도 배우는 것이 많았기 때문에 기본적으로 배움에 대해 거부감이 없던 나는 일이 힘든지도 몰랐다.

아니, 힘들었지만 일을 끝내고 나서의 성취감이 더 컸던 것 같다. 항상 마음속에서는 가정이 우선이라는 생각은 했었지만, 사회적으로 여성들의 입지가 약했기 때문에 '엄마'라는 여성성도 드러내기 싫었었나 보다. 그러나 육아의 문제에 마주하게 되니 돌파구가 필요했다. 일이 항상 바쁘고 많아서 아이 돌봐 주시는 아주머니, 엄마 찬스, 여동생 찬스도 쓰면서 유지하던 상황에 돌파구가 보이지 않았다. 그 당시 IBM은

컨설팅 사업부를 만들어 경험이 많은 경력 사원을 원했고 아이가 아팠던 것이 계기가 되어 재택근무가 가능한 IBM으로 이직하게 되었다.

IBM에서도 재미있는 프로젝트들이 많았다. 사실 그 당시에는 무척 힘든 프로젝트였었지만, 지금에 와서 재미있었다고 표현하는 것도 놀랍다. 재택근무가 가능했지만 프로젝트가 시작되면 현장에 투입되어 일을 해야 했다. 사회생활은 쉽게 얻을 수 없는 것들이 대부분이다. 누구나 할 수 있으면 자신들이 하지, 외부에 도움을 청하지 않았을 것이기 때문이다.

컨설팅은 외국인 전문가들과도 같이 일할 기회가 많은데 항상 나에게 좋은 평가를 주었다. 그들은 항상 나를 어떤 편견을 가지고 보지 않았고, 나 또한 잘 보이려 하기보다는 성실히 일하는 모습으로만 일관했다. 나는 한국에서 교육받은 사람이지만 외국 친구들은 나를 평가할 때 열려 있는 내 생각의 태도를 항상 칭찬해 주었다.

그것이 어떻게 길러졌는가 생각해 보니 특별한 것은 없었다. 다만 내 마음속의 첫 회사인 앤더슨 컨설팅에서 배웠던 미션(Mission Statement)이 생각난다. 'To Help Our Clients, To be more Successful.' 고객을 도와 성공으로 이끌며 이를 통해 나도 성장하는 경험을 많이 했었던 것 같다. IBM의 사훈은 Think(생각하라), 생각은 창의적인 문제 해결의 시작이다. 생각은 살아 있음을 느끼는 순간이기도 하고 내 삶의 원동력이기도 하다.

내가 경험한 두 회사의 사훈이 모두 THINK(생각하라)와 관련 있는 것도 우연은 아닌 것 같다. 컨설팅 사업에서는 일하는 속도가 빠르고 일의 강도가 크다. 단기간 내에 몰입하여 성과를 내고 돌아와야 하는 특공대 같은 조직 활동이었다. 온 에너지를 쏟아 일을 하고 돌아오면 다시는 일을 못할 것같이 기진맥진할 때가 많지만 또 며칠 휴가를 갖고 쉬다 보면 에너지가 충전되어 다시 일할 힘을 얻곤 했고, 일의 성취와 성공적인 프로젝트 수행을 통해 배우고 성장하는 동안 또다시 에너지로 채워지곤 했었다.

그러는 와중에 친정 엄마의 암 소식이 들려오고 두 달을 채 버티시지 못하고 돌아가셨다. 그 상황은 마치 손에 들고 있던 풍선이 내 손을 떠나 하늘로 올라가는 것 같았고, 손에 닿지도 않는 풍선을 속수무책으로 하염없이 바라보고 있어야 하는 나의 모습은 무능함 자체로 느껴졌다. 여성으로서 일하는 것, 더구나 결혼·임신·육아와 함께 병행해야 하는 상황은 결코 쉽지 않았다. 왜 일하는지 근본적으로 다시 생각해 보는 계기가 되었다.

어머니 장례를 치른 후 동료들에게 몇 가지 질문을 하게 되었다. 아마 이것은 스스로에게 묻고 싶었던 질문인지도 모른다. 삶의 목적이 무엇인지, 일은 어떤 의미인지, 그리고 직장에서 일하는 자신의 미래 모습에 대해 이야기하다 보면 나는 나의 전문성에 관심 있던 반면, 남자 동료들의 대부분은 조직 내 수직 상승에 관심이 있다는 것을 알게 되었다. 그리고 요즘 한참 이야기하는 워라밸(Work & Life Balance)에 대해서 물었던 것 같다. 일하는 여성이 많지 않았기에 가족이 우선이라고 생각했지만 여성이라는 점을 드러내고 싶지 않아 이것을 감추고 일에 더 몰두했었던 것 같다.

그러나 딸의 모델인 엄마의 부재는 팥소 없는 찐빵처럼 중심이 없어진 느낌이었다. 자신을 정말 믿어 주고 지지해 주는 안식처와 같은 역할은 누구에게나 필요할 텐데 나에게는 그런 지지의 근원이 엄마였던 것 같다. 돌아가신 후에야 그것을 알게 되었다. 전투적으로 일했던 나의 모습을 되돌아보며 나에게도 공부하며 충전하면서 일할 수 있는 시간이 필요하다고 생각했다. 마침 그때 모교에서 교육 중심의 단과대학이 생겨 대학에서 일할 기회를 얻으며 이직하게 되었다.


## Another Think!

모교인 연세대학교에서는 1학년 교육과 기초 교양교육을 전담할 학부대학을 설립했다. 학교는 기업과는 다른 환경이라 가르치고 공부하고 학생들을 통해서 또 배우고 연구하는 새로운 일의 연속이었다. 하지만 보이지 않는 미래에 대해 막연히 불안했던 내 대학 시절 모습을 생각하며 학생들을 돕고 싶었다. 공부는 사실 각자 개인의 몫이지만 젊을 때 어떻게 생각하고 행동하느냐가 그 사람을 만드는 데 가장 중요한 시기임을 알기 때문이다.

교육은 그 무엇보다도 기본과 기초가 중요하고 그래서 근본적으로 중요한 것을 가르치는 것이 교육에서 우선되어야 한다고 믿는다. 산업에서 배운 내 경험을 바탕으로 곧 사회에 나가기 위해 준비하는 학생들에게 새로운 시각으로 비전을 품고 꿈꾸는 학생들로 거듭나게 하고 싶었다.

최근 4차 산업혁명이 화두가 되면서 정보기술을 배우는 것이 전공과 무관하게 필요한 시기가 되었다. 요즘 나는 전교생을 대상으로 정보기술을 함양하기 위해 필요한 교육 과정을 설계하고 개발하고 연구하고 가르치고 있다. 다양한 전공의 학생들이 자신의 전공 영역이나 다양한 산업, 또는 일상생활에서 문제를 발견하고 이를 해결하는 데 필요한 정보기술을 배워 어떻게 활용하여 해결할지를 가르치기 위한 과정이다. 이를 컴퓨팅적 사고(Computational Thinking)라고 하는데, 나는 대학에서도 다른 THINK와 관련된 일을 하고 있는 셈이다.

사회에서의 내 경험이 교육과정을 설계할 때에도 큰 도움이 되며 경험만큼 중요한 배움은 없다는 것을 절실히 느끼고 있다. 생각해 보면 나는 첫 직장인 엑센추어에서의 Think Straight, IBM의 Think, 그리고 연세대학교에서의 Computational Thinking의 'THINK' 작업을 이어서 하고 있는데, 우연치고는 우연 같지 않은 우연이다.

장황하게 내 이야기를 한 이유는 남들이 보기에 좋아 보였던 상황이었더라도 그 과정에는 어려운 점도 있었음을 나누고 싶어서다. 남녀 차이를 두는 사회구조에서 지기 싫어 열심히 했던 모습도 있었고, 굳이 여성으로 일 안 하고 살아도 된다는 주변의 얘기도 있었지만, 나는 한 번도 내가 일을 하지 않고 살겠다고 생각해 본 적이 없다. 내 주변에는 일 안 하는 친구들이 많기도 하고, 일을 잠깐 하다가 육아 때문에 가정으로 돌아간 친구들도 많다. 그러다가 다시 일을 하려고 하면 다시 기회를 잡기가 쉽지 않은 것이 현실이기도 했다.

그런데 이런 상황은 2020년인 지금도 매한가지다. 빠르게 변화하는 이공계 분야에서는 더욱더 그렇다. 1990년부터 지금까지 30년이 지났고 세상에 많은 변화가 있었긴 하지만, 상대적으로 일하는 여성의 상황은 사회의 발전 모습에 비해 1:1로 정비례한 것은 아닌 것 같다. 내가 일할 때 많은 사람들의 도움을 받은 것처럼 도움이 필요한 여성 후배들을 어떤 형태로든 지원하고 싶은 마음이 크다. 딸과 며느리 다 여성 후배일 수 있고, 배웠으니 일하는 모습으로 사회에서 한 역할을 해 주기를 기대하고 응원한다.

힘들고 어려운 상황이 많겠지만 사회에서의 지원도 더 많이 생기고 있고 여성의 사회 참여를 더 기대하기도 하므로 조금 더 힘내어 계속 참여해 주기를 기대한다. 무엇보다도 공부한 것을 어느 정도 사회에 환원하는 구조에 자연스럽게 들어오면 좋겠다. 사회 구성원으로서의 역할도 필요하고 세상 돌아가는 일에도 더 적극적인 여성들이었으면 한다.

혹시 가정에서 일을 하게 되더라도 똑똑한 신여성으로서 사회에 참여할 방법을 다양하게 모색하였으면 좋겠다. 이공계 여성들은 기본적으로 분석적이고 종합적으로 볼 수 있는 눈을 공학 교육을 통해 배웠을 것이다. 자신의 자리에서 이를 최대로 활용할 수 있는 방법을 찾았으면 좋겠다.

어렸을 때 엄마가 화장하는 모습을 보면서 왜 화장을 하는지를 물었던 기억이 있다. 엄마는 내게 여자는 매일 화장해야 한다고 했다. 그리고 매일 신문도 봐야 뒤처지지 않는다고 하셨다. 그때에는 그게 무슨 말인지 제대로 이해하지는 못했지만, 엄마는 나에게 공부하라 일하라 하신 적이 한 번도 없었다. 매일 화장하라는 얘기는 나에게 자기 계발에 게으르지 않도록 당부하신 듯하고, 매일 신문을 보라는 것은 사회 활동에 참여하라는 격려가 아니었을까 싶다.

나 역시 우리 여성 후배들께 당부하고 싶다. 항상 살아 있는 지금 이 순간에 충실하고 프로답게 무슨 일이든 열심히 해 나가자고. 어려운 일이 있을 때 내 엄마가 계신 것만으로도 힘을 얻었던 것처럼, 나 역시 우리 여성 후배들에게 그런 선배가 되고자 한다.

# 꾸준함의 힘으로
# 너무 늦은 것은 없다

**이지연** (주)에프앤디넷 이사

대웅제약 개발부를 시작으로 건강기능식품 관련 업무를 20년 정도 하고 있다. 석사 졸업 19년 만에 연세대학교 생물소재공학과에 입학하여 박사 학위를 취득하였다. 현재 에프앤디넷 이사로 재직 중에 있으며, 사외 활동으로 한국산업기술평가관리원, 중소기업정보진흥원, 농림식품기술기획평가원의 평가위원을 맡고 있고, 연성대학교 겸임교수로 학생들을 가르치는 일을 하고 있다.

# 다시 시작한 일, 소중한 인연

　대학원을 졸업하며, 공채로 대웅제약 개발부에 입사한 것이 나의 사회생활 시작이었다. 취업의 문이 꽉 막혀 있는 것은 아니었으나, 여학생들이 입사하기에 그리 녹록한 환경은 아니었다. 채용 박람회에 갔을 때 국내 L 그룹 채용 담당자로부터 여사원은 채용 계획이 없으니 괜한 일에 힘 빼지 말라는 조언을 듣고, 입사지원서를 내고 내지 않고는 내가 결정할 터이니 지원서를 달라고 다소 언성을 높였던 기억도 난다.

　우여곡절 끝에 입사했으나 오랜 기간을 근무하지 않고 국내 대기업으로 이직을 한 번 한 후 결혼과 출산, 육아 등으로 직장을 그만두었다. 당시 IMF로 분위기가 어수선한 데다 그만둬야 하는 우선순위는 암묵적으로 결혼한 여직원이었다. 물론 퇴사를 강요당하지는 않았다. 요즘 유행하는 존버 정신으로 그때 그만두지 않았더라면 경력 개발에 훨씬 유리하지 않았을까 하는 생각을 하기도 했었다. 그렇지만 과거의 결정으로 현재가 이어져 오는 것은 되돌릴 수 없는 일!

　경력 복귀를 결심하는 것 역시 쉬운 일을 아니었다. 경력 단절의 기간이 길어지면 복귀가 안 되는 것이 아닌가 하는 초조함은 있었지만, 육아는 엄마가 해야 한다는 부담도 컸었다. 퇴사 후 1~2년 정도까지는 먼저 다니던 직장에서 복귀 의사가 있는지 연락이 오기도 했지만, 그 이후에는 같은 연락은 오지 않았다. 둘째 아이가 돌이 다되어 가던 경력 단절 5년 정도 후, 선배 언니로부터 계약직으로 사회 복귀를 해 보지 않겠냐는 제안을 받았다.

정말 많은 고민 끝에 입사 의사를 밝히고 출근했는데, 2000년대 초, 컴퓨터 보급과 정보통신 기술이 급속도로 발전하던 시기여서 사회는 어지러울 정도로 변해 있었다. 건강기능식품 강의를 하는 일을 하게 되었는데, 강의 교안 만드는 것이나 자료 검색, 또 시간에 쫓기는 직장맘으로서의 역할이 쉽지는 않았지만, 주어진 일은 고지식하리만큼 성실하게 해나가는 힘으로 지냈던 것 같다. 이후 정보통신기술에 취약하다는 것을 인식하고 6개월간은 웹마스터 과정을 학습하였다.

한번 경력 복귀를 하고 나니, 스스로 직장을 찾는 것에 대한 용기가 생기고, 여러 군데 도전하면 되겠지 하는 자신감이 생겼다. 무엇이든 시도해야 얻을 수 있지 않겠는가? 시기가 좋았는지, 입사 지원을 한 여러 곳에서 연락이 왔다. 당시 난 규모가 작아도 내 전문성을 살릴 수 있는 회사를 선택하였고, 1년 후 이 회사는 메디포스트㈜에 인수합병되어 자리를 옮기게 되었다.

당시 나의 상사는 해외 박사 학위를 가진 여성 공학인이었는데, 건강기능식품과 관련된 전공자는 아니었다. 과학적인 사고와 논리로 일을 진행하며, 관련 전문성을 접목시키기는 능력을 발휘하고 있었다. 인수합병 후 사장님의 동생이라는 특수한 상황이었지만, 다른 사람들에게 겸손한 태도와 도전 정신을 배울 수 있는 기회였다. 직장 생활 이후 처음으로 좋은 상사를 만난 행운이었다. 그분은 1~2년 후 개인 사정으로 해외에 가야 해서 직장을 그만두긴 했지만, 그분과 함께한 2~3년은 경력 단절을 뛰어넘고도 남을 만큼 마음속에 우러나는 배움이 있었다.

## 경험과 학습은 일에 대한
## 소중한 밑거름

이렇게 인연이 되어서 재직하게 된 메디포트㈜는 입사 당시 제대혈 보관 사업이 회사의 주요 비즈니스였다. 산모들이 제대혈을 보관하려면 출산 시 채취가 이루어져야 하니, 산부인과와 매우 밀접한 비즈니스였다.

2000년대 초에는 임신 시 철분을 섭취해야 한다는 기존의 기본 상식에 더해 임신 초기 엽산의 중요성에 대해 인식하기 시작하던 시기였다. 그때 임신 시기별 맞춤 제품을 개발하고, 두뇌 발달에 중요한 DHA가 풍부한 식물성 오메가3 등 임산부 영양제를 개발하여 임산부 전용 카테고리의 건강기능식품을 세팅하게 되었다. 제품 개발과 더불어, 의사들에게 임산부 영양의 중요성을 설득하고, 산모교실 강의를 통해 고객인 임산부들에게 영양 관리가 매우 중요하다는 것과 영양보충제의 필요성에 대해 홍보하였다.

강의는 청중과 교감이 되어야 한다. 지식을 전달하는 강의도 그러한데, 고객을 설득해야 하는 강의는 말할 나위도 없다. 청중이 200명 이상 모이는 대형 산모교실뿐 아니라 지역 산부인과에서 진행하는 20명 안팎의 청중으로 하는 소규모 산모교실까지 다양한 산모교실에서 강의 평가가 좋은 강사라는 이야기를 사내에서 많이 들었다. 덕분에 지역 산모교실까지 정말 많이 다녔던 것 같다. 실제 출산과 육아에서 나온 경험이 어우러져서 청중과 교감할 수 있었던 덕분이 아니었을까 생각한다.

산부인과 병원 판매가 정착되어 갈 때쯤, 온라인 시장을 바라보게 되었다. 당시 몇몇 대표적인 건강기능식품 판매 온라인 전문몰이 있어서 늘 예의주시하고 있었다. 디자인이나 컴퓨터 관련 전문지식은 없었지만, 경력 복귀 후 부족함을 채우기 위해 배웠던 웹마스터 과정에서 배운 지식을 살려 쇼핑몰을 구축하였다. 쇼핑몰 솔루션을 계약을 하고 디자인 외주를 주면서 내가 알아야 외주 업체 관리를 잘할 수 있고 업무 완성도가 높아진다는 생각에 쇼핑몰 제작 및 마케팅 교육에 많이 참여했었다. 몰랐던 세계에 대한 배우는 즐거움이 컸기에 그렇게 하지 않았을까?

신규 사업을 A부터 Z까지 챙기기 위해서는 마케팅 역시 중요 범주 중에 하나여서, 나의 전공이 아니었던 마케팅에 대해서도 공부하였다. 주말 스터디 그룹을 소개받아 마케팅의 정석이 되는 교재 한 권을 스터디하였고, 이외에는 회사에서 진행하는 독서통신 교육, 사이버교육을 통해 학습했다. 연 3회 이상의 교육이 필수였다면, 10회 정도의 교육을 수강하였으니 회사 내 최다 강의 수강자였을 것이다. 의무적으로 받아야 하는 교육이었으나 난 기쁜 마음으로 내게 필요한 교육을 선택해서 수강한다고 생각했으니 가능하지 않았을까 생각한다.

지금은 대학생이 된 당시 초등학생 아들의 엄마에 대한 소개는 '우리 엄마는 책을 많이 읽는다. 마케팅 책을 읽는다….'로 시작되었다. 하고자 하는 목표가 생기니 어린 아들의 눈에도 피곤에 찌들어 잠자는 모습보다 마케팅 책을 읽는 모습이 눈에 띄었나 보다. 그 이전의 소개는 '우리 엄마는 잠을 많이 잔다.'였는데….

아이의 눈에 엄마가 공부하는 모습이 보여서였는지, 공부하라는 이야기를 별로 하지도 않고 선행학습을 시키지도 않았는데, 아이는 때가 되면 스스로 공부를 하여 지금은 서울대학교 화학생물공학부에 다니고 있다. 직장 생활로 함께할 수 있는 시간이 절대적으로 적음의 아쉬움과, 학교 모임에서 만난 다른 학부모만큼 지원해 주지 못한다는 미안함이 있었는데, 아이는 나의 이러한 죄책감(?)을 씻어 줄 만큼 잘 자라고 있다. 아이가 고3이 되면서 조바심에 학원가의 설명회를 다니며 혼자 안달했던 내가 부끄러워진다.

## ●아주 늦은 건 없다!
### 19년 만에 다시 시작한 공부

6년 전 지금의 회사로 이직할 때이다. 부서장급의 인터뷰였고, 비교적 부드럽게 진행되었다. 마지막으로 회사 이직하면서 특별히 하고 싶은 일이 있냐고 물어보셨다. 당시 계속 마음속에서 공부를 좀 더 해 보고 싶다는 생각이 있었지만, 너무 늦은 건 아닌가라는 생각과 상황이 여의치 않다는 생각에서 주저하고 있다가 박사 공부를 하고 싶다고 말씀드렸다. 그 자리에서는 아무런 확답을 듣지 못하였고, 입사 후에도 그에 대해서는 아무 이야기가 없었다. 사례가 없어서 확답을 듣지 못했던 것 같다.

그때 내게 든 생각은 '입사 시 학업을 요청한 사례로만 남을 것인가? 아니면 직접 학업을 병행한 사례가 될 것인가?'였다. 물론 확답을 100% 받은 상태도 아니었고, 이직한 지 얼마 되지 않았기에 수업을 위하여 업무 시간 중 일부를 할당하는 것이 그리 쉽지 않았다.

일단 부딪쳐 보자는 생각에 직장과 병행할 수 있고, 건강기능식품 관련 업무와 관련된 학교와 전공을 찾아보았다. 힌트는 늘 가까이 있는 법! 업계 친한 지인으로부터 소개받아 연세대학교 생물소재공학 박사 과정을 알게 되어 교수님을 찾아뵈었다. 면담 후에는 내가 하는 업무에 도움이 되고 나의 미래 성장에 도움이 될 수 있는 학업이라는 확신이 들었다.

입학시험 합격 여부가 확정되지 않았으니, 일단 회사에는 알리지 않은 채 입학 지원을 하고 입학시험을 진행하여 합격하였다. 이후 회사에는 학업을 계속하고 싶다는 이야기를 다시 하고 입학시험에서 합격하였음을 알렸다. 업무에 차질이 없도록 할 것이며 수업 시간 일부를 양해해 달라고 요청드렸는데, 흔쾌히 수업에 참석할 것과 학비 일부 지원에 대한 약속을 받았다. 이렇게 나의 19년 만의 학업, 박사 과정은 시작되었다. 일단 도전해 보겠다는 마음가짐과 행동이 있었기에 가능한 일이었다.

오랜만에 듣는 수업은 흥미로웠다. 석사 공부를 할 때보다 과학계에 많은 발전이 있음을 실감하고, 혼자만 알아듣지 못하는 용어가 나올 때는 수업에 방해가 되지 않도록 노트에 적어 두었다가 수업이 끝난 후 모두 찾아보았다. 지속하고 싶었던 공부를 맘속에만 담고 있었으면 지금도 박사 학위는 단순한 희망 사항으로 남아 있었을 것이다. 누가 등 떠밀어야 하는 것이 아니라 내가 직접 손들고 해 보겠다는 적극적인 자세가 필요하다고 생각한다.

후배 직원들을 보면 요구 사항이나 하고 싶은 일을 이야기하는 친구가 있고, 뒤에서 속앓이하다가 다른 길을 택하는 친구들이 있다. 조직의 발전이든 개인의 발전이든 설득할 준비가 되어 있다면 혼자 끙끙 앓기보다는 이야기해 보는 것이 좋다. '내가 이 이야기를 했을 때 상대방이 나를 어떻게 생각할까?'라는 생각에 주저하게 된다면, 내가 이 이야기를 했을 때 나의 인생에는 어떤 변화가 올 수 있을까도 함께 생각해 보기를….

## 변화하는 환경에 마주하기

직장에 다니다 보면 여러 가지 변화를 겪는 경우가 있다. 승진을 하여 더 많은 조직원에게 리더십을 발휘해야 하는 경우도 있고, 또는 같은 직급이었던 동료보다 높은 자리에 서기도 하고, 낮은 자리에 서기도 한다.

전 직장에 다닐 때의 일이다. 당시 나는 건강기능식품 사업부에서 영업 외의 모든 업무를 담당하는 팀장이었는데, 어느 날 저녁 무렵 사장님께 전화를 받았다. 조직 개편이 있을 터인데, 건강기능식품사업부와 다른 사업부를 통합할 것이다. 지금 조직에서 필요해서 하는 일이니, 시간을 두고 좀 기다려 달라는 전화였다. 회사에서 비중이 더 컸던 사업부에서 내가 속한 사업부를 흡수하는 형태이니, 이러한 전화를 하신 것 같다.

이후 조직은 임원이 새로 영입되기도 하고 여러 차례의 변화를 거쳤고, 나는 수용할 수 있는 부분은 수용하였지만, 내가 맡았던 건강기능식품사업이 잘되기 위한 주장도 꽤나 했었던 것 같다. 다른 사업부와 같이 하는 병원 영업을 위한 업무보다는 온라인 사업을 하는 쪽으로 업무가 변경되었다. 규모의 축소는 있었지만, 새로운 시장을 개척하고 평소 관심 있었던 유통 채널을 더 많이 접할 수 있어서 좋은 기회가 되었다. 특히 대형 온라인 쇼핑몰 회사의 MD를 만나 온라인 시장을 배우고, 회사 최초 홈쇼핑 런칭과 관련하여 모든 일을 경험할 수 있는 좋은 기회였다. 맡은 조직은 2년 만에 많은 성장을 이루어 냈다.

회사는, 조직은 살아 있는 생명체와 같아서 늘 변화한다. 그것이 건강하게 성장하며 변화할 수도 있고, 사람도 간혹 병들고 아프듯이, 우리가 속한 회사 조직도 잘못된 판단이나 시장 상황으로 매출이 하락하기도 하고, 건전성이 떨어지는 경우도 생길 수 있다. 이 역시 올바른 진단과 빠른 치료가 들어가면 빠른 회복이 가능하고, 그렇지 않다면 병을 키워 갈 수 있을 것이다.

병원 채널만 경험한 것이 아니라 온라인 채널의 업무 경험도 있었기에 인맥을 넓힐 수 있었고, 지금 직장으로 이직해서도 업무에 도움이 되었을 뿐 아니라, 회사가 채널 확장을 할 때도 이해도가 높았던 것 같다. 지금의 직장도 역시 조직 개편 등의 다양한 시도를 하고 있다. 그간 꾸준히 진행해 온 건강기능식품 관련 전문성에 더하여 다양한 경험을 해 볼 수 있는 업무라면 난 환영이다.

최근에는 국내 시장에 신제품을 런칭하고 싶어 하는 해외 업체와 일을 하고 있다. 국내 법규나 시장 상황이 미국이나 유럽과 다르다는 것을 수차례에 걸쳐 이해시켰다. 처음에는 이해를 못 하더니 한국 법규에 대한 설명을 그들이 알 수 있는 사례를 들어 설명해 주니, 전적으로 믿고 함께하고 싶다는 답변을 받았다.

# 꾸준함의 힘

내가 지금껏 이 일을 하고 있는 것은 뭔가 특별함이 있다기보다는 꾸준함이 비결이 아닐까 생각한다. 특히 나의 경우는 경력 단절을 경험했기에, 직장에 다시 복귀하였을 때, 동년배보다는 낮은 직급이었다. 그 시간 나는 아이와 함께한 소중한 경험이 있었기에 괜찮다고 마음을 다 잡았지만, 한구석에는 허전함이 있었다. 1~2살의 아이에게는 몇 달이 매우 큰 차이지만, 성년에게는 몇 달 차이는 물론 몇 년 정도는 친구로 지내지 않는가?

직장 생활의 경험도 처음 복귀에서는 차이를 느꼈지만, 오랜 세월 지내오면서 그런 차이는 차차 줄어들었다. 그뿐만 아니라 아이와의 경험으로 통해 앞서 언급한 산모교실의 인기 강사가 되었었고, 육아 휴직을 하고 온 후배 직원들과의 소통에 있어서도 도움이 된다.

인관 관계에 있어서도 처음 만나는 사람에게 호감을 느낄 수도 있지만, 꾸준한 사람을 신뢰하게 된다. 다른 업종도 마찬가지이겠지만, 내가 일을 하는 건강기능식품 업계의 경우는 이직을 하더라도 같은 업종에서 하는 경우가 많아서 소속이 바뀌더라도 계속 만나는 경우가 많다. 신뢰할 수 있는 사람과는 소속이 바뀌더라도 계속 연락을 하고 같이 일하고 싶은 것은 나만의 생각은 아닐 것이다.

일에 있어서도 꾸준히 새로운 것을 접하면 그것을 해결하기 위해 노력하고, 그런 시간들이 지나다 보면 전문가 반열에 올라 있다. 뭔가 특별한 묘책이 있어서라기보다는 주어진 일을 성실히 하며 문제가 생길 때마다, 변화가 생길 때마다 그것을 해결하기 위해 했던 노력들이 모여서 그렇게 되는 것이다.

　이러한 힘은 조금 다른 영역으로 업무가 확정되거나 변경되어도 바로 응용할 수 있는 자신의 힘이 되는 것이다. 자신이 계획한 길을 바로 가고 있어도 혹은 나처럼 조금 돌아서 천천히 다시 시작하였어도 스스로 선택한 일에 대하여 늦었다고 주저하지 도전하고 꾸준히 노력할 때, 신뢰할 수 있는 인맥을 쌓게 되고 어느 순간 발전한 자신을 발견할 수 있을 것이다.

# *Keep Going, Don't Stop*

---

**이지영** 국립수산과학원 연구사

부산대학교 해양학과를 졸업하고, 동 대학원에서 석사·박사 학위를 취득했다.
국내 하구역의 인공구조물 건설에 의한 해양환경 영향에 대한 연구를 수행했다.
2017년부터 2년간 인천대학교에서 연구교수로 재직하며 국내 연안뿐만 아니라
북극해의 환경 특성을 연구하였다. 현재 해양수산부 산하 국립수산과학원에서
연구사로 재직하고 있다.

## 멈추지 않고 걷다 보면
어느새 내가 원하는 곳에 와 있을 것이다

처음 집필 제의를 받았을 때 나는 현재진행형으로 삶의 문제를 치열하게 해결해 나가고, 새로운 목표에 도달하기 위해 애쓰고 있는 중이었다. 그래서 이공계 여성 후배들에게 성공담(?)이나 뭔가 연륜에서 우러나오는(?) 조언을 하기에는 부족하다고 생각해서 많이 망설였다. 그럼에도 불구하고 내가 지금까지 걸어온 작은 걸음이 한 사람에게게라도 도움이 될 수 있다면 의미가 있지 않을까 생각하여 시작하게 되었다. 학위 과정을 고민 중이고, 연구소나 학계로 진로를 고민 중인 분들에게 내가 겪었던 과정들을 공유해 주고자 한다.

나는 현재 연구자가 되었지만 사실 연구자가 처음부터 적성에 맞는 사람은 아니었다. 내가 생각하는 연구자가 갖춰야 할 필수 덕목인 비판적 사고와 자율성이 부족했기 때문이다. 어릴 적, 주입식 교육에 익숙했고 내 생각을 적극적으로 표현하지 못했다. 또한 나에게 주어진 일에 충실했고 그에 따라 칭찬받던 상황에 만족했었다. 그저 과학을 좋아하고, 과학 실험을 재밌어하던 조용하고 평범한 아이였다. 과학이 좋고 배움이 좋아서 과학자가 되고 싶었다. 목표 달성을 위해서 필요한 덕목과 나의 수동적 성향 간에는 간극이 존재했다. 따라서 그동안은 '노오력'을 통해서 그 간극을 메워 간 기간이라고 볼 수 있겠다.

꾸준히 포기하지 않고 목표를 향해 걷다 보니 어느새 원하는 곳에 도달해 있는 내가 있었다. 얼마 전 예전에 알던 박사님을 오랜만에 뵈었을 때 하신 말씀이 - 나의 커리어를 쭉 보시고는 한 분야에서 꾸준히 노

력하고 묵묵히 연구한 것이 눈에 훤히 보인다고, 앞으로도 이대로 나아
가 달란 말에 울컥했던 기억이 – 내가 묵묵히 걸었던 그 길이 틀리지 않
았음을 확인시켜 주었다.

## 과학자의 길로 들어서다

초등학교 시절, 나는 커서 뭐가 되고 싶은지 묻는 질문에 이렇게 답했
다. "저는 과학자가 되고 싶습니다." 어릴 적 읽은 위인전에서 모르던
것을 밝혀내고, 없던 것을 발명해 내는 과학자가 매력적으로 다가왔다.
고등학교 때는 수학이나 물리는 어려웠지만 화학이나 지구과학 시간이
재밌었고, 실험하는 것이 즐거웠다. 고민 없이 이과를 선택했고 이공계
열로 진로를 정했다.

내가 대학 입학할 즈음에는 학부제도가 많이 생겨나기 시작할 때였
다. 1학년 때 기초 수업을 들으면서 2학년 때 본인의 전공을 결정하는
것이다. 나는 대기·지질·해양학 전공을 포함하고 있는 지구환경시스템
학부로 들어갔다. 지구과학 분야를 공부하고 싶었지만, 정확히 어떤 공
부를 더 깊이 해야 할지 어떤 진로가 있는지 알지 못한 나에게는 1년 동
안 탐색해 볼 수 있는 좋은 기회였다.

입학의 기쁨과 함께 시작된 캠퍼스 생활은 매우 신났다. 고3 생활의
힘듦을 다 보상받기라도 하겠다는 듯 아주 열심히 놀았다. 테니스 동
아리와 동문 활동을 열심히 했다. 덕분에 동기와 선배님들을 많이 알게
되었지만 1학년 성적은 처참했다. 학사경고를 겨우 면했다.

그렇게 준비되지 않은 채 전공 결정의 시간이 다가왔다. 어릴 때 생각하던 멋진 과학자라는 뭔가 추상적인 단어보다는 구체적으로 취업에 대한 고민이 생겼고, 대기학과가 취업도 잘된다고 하고 인기도 많아서 나도 덩달아 1지망에 대기학과를 써 넣었다. 그러나 성적에서 좌절되었고, 차선이었던 해양학과에 들어갔다. 내가 선택해서 들어갔다면 더 좋았겠지만, 결과론적으로 그때 운명의 길이 시작되었던 것 같다.

해양학은 범위가 넓은 학문이다. 해외에서는 대학원에만 있는 경우도 많다. 그만큼 물리·지질·화학·생물에 대한 탄탄한 기초 지식이 요구되는 학문이다. 이러한 특성으로 자칫 흥미를 잃고 배움에 어려움을 겪을 확률이 높다. 나의 경우에는, 고등학교 때부터 다른 과목은 몰라도 과탐은 열심히 했었고, 학부1년 때도 화학이나 지구과학 개론 수업은 선택적으로 열심히 했기 때문에 크게 문제는 없었던 것 같다. 오히려 2학년 첫 학기 해양화학이나 해양생물 등의 수업 내용 자체가 나에게 매우 흥미롭게 다가왔다. 수업 시간에 더 잘 들으려고 늘 맨 앞자리에 앉았고, 모르는 게 나오면 다른 책들을 찾아보며 파고들었다.

그러다 보니 자연스레 성적이 잘 나왔다. 2학년 첫 학기 과 1등을 차지한 것이다. 내 성적이 1학년 때에 비해 급격히 상승한 것을 보고 다들 놀라했던 기억이 있다. 고등학교 때는 부모님이나 선생님이 자꾸 하라고 해서 한 것이라면, 이것은 나 스스로 더 알고 싶어서 자발적으로 한 것이기 때문에 이때 처음 제대로 된 성취감을 느꼈다. 이후 학과 공부에 재미가 붙은 나는 졸업할 때까지 내내 성적장학금을 받으며 공부했고, 한 학기 일찍 학위를 취득했다.

나는 계속해서 '연구'라는 것을 해 보기로 결심했다. 석사 학위 진학

2010년 조사선 하쿠호 마루호에서 동해 조사 중

2017년 북태평양해양과학기구(PICES) Annual meeting에서
Early Career Scientist Best Oral Presentation Award 수상

후, 교수님께서 수행하는 여러 가지 과제에 참여하여 실험 및 분석을 수행하였다. 국내 주요 하구역 조사는 기본이고 연구선을 타고 동해와 태평양을 탐험했다. 한-러, 한-일 협동 조사에 참여하여 배를 타고 러시아와 일본을 갔다. 일반인들이 해 보지 못하는 특별한 경험들은 나를 더욱 특별하게 만들어 주는 것 같았다.

나의 석사 학위 연구 주제는 우리나라에서는 첫 시도여서 여러 가지 시행착오가 많았지만 우여곡절 끝에 실험에 성공하였고 졸업을 했다. 이때 실험·분석하여 나온 자료를 가지고 논문을 쓰고 그 결과물을 검토하여 논문을 냈을 때, 자료를 만드는 과정의 고통이 충분히 보상될 만큼 보람됐다.

또한 한번은 국외학회에 연구 내용을 발표하여 Best Oral Presentation 상을 받았었는데, 내가 과학자로서 잘 싸워 나가고 있다고 모두들 격려해 주는 느낌을 받았고 뿌듯했다. 자료를 분석하고 거기서 의미를 찾고 또 새로운 또는 주목할 만한 결과들을 뽑아낼 때의 즐거움은 내가 지금까지 이 길을 걸어갈 수 있게 해 주는 원동력이 되었다.


## ●미리 경험해 보다

대학원 진학이든, 직장 생활이든 겉에서 보는 것과 실제 내가 안에서 경험하는 것에는 큰 차이가 있다. 나는 간접적으로나마 미리 경험해 보고 정말 내가 원하는 일인지를 판단하고 싶었다.

첫 번째는 대학원 진학을 고민하면서 내가 관심을 가졌던 분야 교수님의 랩에 들어갔다. 내 전공은 현장 조사 및 실험(일명, field work)을 기반으로 하는데, 이러한 일이 나랑 잘 맞는지 확인하고자 했다. 학교가 바다와 그리 멀지 않다 보니, 하구 연안역에서 주로 현장 조사 및 실험을 경험하였다. 조사라고 하면 전문적인 느낌이 물씬 나지만, 실상은 극한 직업이었다. 발이 무릎까지 빠지는 갯벌을 걷고, 땅을 파서 시료를 채취하고, 물을 퍼 나르는 작업의 연속이었다. 몸은 힘들었지만 재밌었다.

두 번째로는 학-연 실습 프로그램을 통해 관련 연구소에서 잠시 일을 했다. 앞으로 내가 학위를 마치면 갈 수 있는 곳이었다. 학점도 따고 용돈도 벌고 또 가장 중요한 목적인 미래의 직장 분위기를 알아보기 위해서였다. 짧은 기간이었지만 연구소 박사님들과 좋은 인연을 맺을 수 있었다. 또한 어떤 분위기에서 무슨 일들은 수행하는지 알 수 있는 유익한 시간이었다.

한 가지 안타까운 점이라면 내가 멀미가 무지 심하다는 것을 깨달은 것이다. 소형 선박을 타고 조사를 나갔었는데 심한 멀미로 고생을 했었다. 그 이후로는 파도가 심상치 않을 때는 꼭 멀미약을 복용한다. 이러한 사전 경험들은 내가 목표를 향해 가는 데 어떤 힘든 점들이 있는지, 내가 극복 가능한 문제인지를 미리 가늠할 수 있게 한다. 연구소에 들어가고 싶다면 이러한 프로그램을 통해 미리 경험해 보는 것도 좋을 것 같다.

## 슬럼프에 빠지다

내 학위 기간은 석사 2.5년, 박사 6.5년, 자그마치 9년이다. 학부까지 치면 강산이 한 번 변하고도 남는 기간 동안 학교에 다녔다. 처음에는 모든 것이 새롭고 흥미로웠다. 새로운 발견들을 인정받았을 때의 성취감은 나를 더 달리게 했다. 하지만 박사 학위 과정 후반부에 들어서며 슬럼프에 빠졌다. 운동선수만 걸리는 건줄 알았더니…. 해도 해도 실력이 늘지 않는 기분, 왠지 남들에 비해 뒤처지고 있다는 느낌, 그리고 미래에 대한 불안감이 커지면서 연구가 손에 안 잡혔다.

학위 과정에 들어가기로 했을 때, 힘들고 외로운 길일 수 있다며 부모님을 비롯하여 주변에서 걱정을 했으나, 다른 사람은 몰라도 나는 그렇지 않을 거라 자신했었다. 하지만 막상 겪어 보니 정말 외롭고 힘든 길이었다. 대학원에 진학하지 않았던 동기들은 진작에 취업을 하고도 남았을 시기였다. 남들은 앞으로 나아가는데 나만 제자리걸음인 기분에 사로잡혀 이 길이 내 길이 맞는지 고민하는 지경에 이르렀다. 이제 와서 돌아보건대, 너무 한곳에 오래 머무르며 매너리즘에 빠졌던 것 같다.

초심을 되찾기 위해서는 상황을 전환해야 할 필요가 있었다. 당시 나는 졸업이 코앞이었기 때문에 학위를 마무리하고 새로운 곳에서 박사후 과정을 시작하고자 했다. 다른 곳에서 연구교수를 시작하면서 슬럼프는 사라졌다. 새로운 사람들과 관계를 맺고 낯선 환경에 적응해야 했고, 또한 새로운 도전에 직면했다.

이 기간 동안 내가 기존에 전공했던 것을 기반으로 내 전공 분야 확장을 시도하였고, 그 과정에서 내 안에 모든 것을 쏟아부어야 했다. 그러니까 슬럼프가 찾아올 겨를이 없었다는 게 맞는 표현일 것이다. 연구교수 기간 동안의 집중적 연구는 성과로 이어졌고, 이를 바탕으로 몇몇 연구소에 지원했다. 지금의 일터에는 두 번 문을 두드려 들어오게 됐다.

## ●새로운 도전 앞에 서다

나는 현재 연구직 공무원이다. 연구하는 공무원…. 연구는 뭔가 창의성, 자율성이 강조되는 업무에 가깝다고 생각하고 공무 수행은 상대적으로 더 정형화된, 조직성을 강조하는 업무라고 생각되니 사뭇 다른 성격의 단어 조합이라고 생각한다. 여기서 수행하는 연구와 기획들은 나라의 정책 수립에 직접적 기반이 된다.

지금까지의 연구가 실용성보다는 지식에 대한 탐구에 가까웠다면 지금은 좀 더 실생활에 가까운, 국민에게 더 나은 환경을 조성할 수 있는 연구를 하게 되었다는 것에 자부심을 느낀다. 따라서 나는 연구와 공무, 두 가지의 콜라보가 만들어 내는 멋진 합작품을 만들어 낼 생각이다. 이렇듯 새로운 도전 앞에 서서 지금껏 그래 왔듯이 목표를 달성하기까지 어떠한 어려움이 따르든 간에 포기하지 않고 걸어 나갈 생각이다.

# 새로운 여정, 그 끝에서 만날
# 조금 더 나은 나를 위해

**임현주** 한국자동차연구원 자율협력주행연구센터 선임

충남대학교 전력전자 분야로 석사 학위를 취득한 후, 2011년부터 2018에서 약 7년간 LIG 넥스원 항공팀에서 하드웨어 설계를 담당하였습니다. 2018년부터 현재까지 한국자동차연구원으로 이직하여 현재까지 자율주행 연구센터에 재직 중으로 자율주행플랫폼 및 안전설계 분야 연구 중입니다. 2018년도에는 커넥티드카 개발과 관련하여 NCS에서 활동하였으며 2019년도부터 현재까지 ISO TC22 SC33 WG9에 참석하여 표준화 활동을 하고 있습니다.

# 세상에 실패란 없다

15년쯤 차이가 나는 사촌 여동생이 공대로 진학하면서 취업이나 학교 생활에 대해 걱정스럽게 물어 왔었던 적이 있었습니다. 그 당시에는 졸업하여 한창 직장 생활을 하고 있을 때여서 내가 겪었던 학교생활이나 구직 활동, 직장 생활을 생각나는 대로 말해 주었습니다.

시간이 지나 돌이켜 보면 나에게 물어봤던 여동생의 질문은 학교생활이나 직장 생활에 대한 궁금증보다는 사람으로서 낯선 생활과 문화에 던져져 이질감을 느끼고 있을 쯤에 자신만이 이 감정을 느끼고 있는 것이 아니라 누군가도 똑같은 감정을 느꼈고 자신이 걸어갈 이 길에 대한 용기와 너도 잘할 수 있을 것이라는 격려가 필요했던 것 같습니다.

생각해 보면 저도 그랬던 것 같습니다. 여학우들이 거의 없는 공대 진학을 결정했을 때, 구직 활동을 했을 때, 직장에 처음 입사했을 때 내가 갖고 있는 막막함이나 답답함을 누구에게 털어놓았을 때, 정확한 답을 기대하기보다는 내가 걸어가야 할 이 길을 너도 충분히 걸어갈 수 있을 거라는 용기와 확신이 필요했었습니다.

이 글을 읽는 분들 중 저보다 한참 선배들도 있겠지만, 이제 막 사회 생활을 시작하는 혹은 고된 직장 생활에 힘들어하시는 여성 엔지니어들에게 당신이 하고 있는 고민을 선배도 했었고 특별하다고 생각해 본 당신도 이 길을 잘 헤쳐 나갈 수 있다는 용기와 희망을 드리고 싶은 마음으로 이 글을 씁니다.

# 목표를 찾아서

고등학교 때에 이과를 선택한 것도, 대학교 때 공대를 선택한 것도 돌이켜 보면 취업을 생각하고 내린 결정이었습니다. 다행히 고등학교 때도 수학이나 과학을 좋아했었고 그 당시에 〈카이스트〉란 드라마를 보면서 공대에 대한 막연한 동경 같은 것도 있었던 데다, 공학이라는 학문 자체가 결과를 직관적으로 확인할 수 있음에 더욱 매력을 느끼고 있었습니다.

집안 분위기가 자식의 결정에 대해서 존중해 주는 분위기였지만, 어머니는 전기공학과는 여학우들도 거의 없고 취업도 쉽지 않을 것이라며 걱정을 하셨습니다. 어머님의 우려와는 달리 대학에 입학해서는 학부 때 과부회장을 맡기도 하며 선후배와도 좋은 관계를 유지하였습니다.

문제는 다른 곳에 있었습니다. 학교생활에서 학업을 할수록 전공에 대해서 막연한 답답함이 있었던 겁니다. 전기공학과에서 기본이 되는 과목은 전기회로나 자기학이 기본이었는데 공부하는 내내 이 학문을 배워서 어떻게 써먹나 하는 갈증이 있었습니다.

공학이라는 학문 자체가 산업의 필요를 기본으로 하는데, 이것을 배워서 어딘가에 쓸 수 있을 거라는 생각보다는 고등학교 때처럼 주어진 문제를 풀어 성적을 받는 모습이 상상했던 대학 생활과는 거리가 있었습니다. 지금 생각하면 오만한 생각이었죠. 이제 막 걸음마를 떼는 아이가 달리기를 꿈꾸는 꼴이었으니까요. 공학의 기초를 단단하게 다져놔야 나중에 여러 분야에서 응용할 수 있는 기초 체력이 생기는 셈인데 그걸 지루하다고만 여겼으니까요.

그렇게 지루함을 느끼던 중 과내에서 제어실의 박사님을 필두로 전기과 학생들을 대상으로 한 무인항공기 대회를 준비하는 동아리가 생겼습니다. 실제로 강의실에서 배워 왔던 지식을 활용하여 무언가를 구현하여 가시적인 결과를 볼 수 있었습니다. 저항과 커페시터, 인덕터 등 이론으로만 배웠던 내용에 대해 항공기 제어라는 플랫폼에서 어떠한 필요성에 의해 쓰이고 어떤 효과를 나타내는지를 확인할 수 있음에 즐거움을 느껴 공부를 계속하는 계기가 되었습니다. 내가 배운 지식이 다른 분야와 융합하였을 때 더 많은 시너지를 낼 수 있고, 같은 전공 사람들이 모여서 일함에도 내가 맡은 분야에 대해서 내가 아니면 누구도 할 수 없다는 자신감을 가지게 된 것이죠.

## Fly high

처음 입사한 회사는 방위산업체로 항공팀에서 근무를 시작하였습니다. 근무한 부서는 다양한 항공기에 들어가는 제어 컴퓨터의 하드웨어를 설계하는 팀이었습니다. 항공기에 들어가는 컴퓨터는 작은 사이즈의 전자장비이지만 이 작은 장비가 나오기까지 많은 팀들과 많은 사람들이 움직여 만들어 내는 산출물입니다.

신입 사원 시절에는 선배 사원보다 부족한 실력과 실수들로 늘 내 일에 대해서 집중하고 챙겨야 했습니다. 다른 팀과 소통하기보다는 나에게 주어진 역할과 업무를 해결하는 것도 벅찼기에 내가 맡은 일에 집중하려고 하였습니다. 그러다 시간이 지나 어느 정도 연차가 차면서 다른 부서와 업무 협의나 다른 업체와의 회의를 들어갈 기회가 많아졌습니다. 한 개의 장비를 개발하기 위해 제가 생각했던 것보다는 다양한 분야의 사람들과 다양한 업체의 사람들이 모여 일을 하고 있고, 내가 내린 결정과 일을 진행하는 방식이 다양하게 영향을 준다는 것을 이 당시 처음 경험하였습니다.

이러한 회의에는 각 부서의 실무자들이 모이는데, 대부분의 경우에는 여성 엔지니어는 저 혼자였고 나이도 어렸습니다. 보통의 경우 나이가 어리면 어림짐작하여 지식과 경험이 부족하다고 생각하기 때문에 제시되는 의견이 수용되기에 어려웠고 이에 따라 좌절감을 느꼈습니다.

같은 부서의 여성 동료에게 저의 고충을 털어놓으니, 맡은 분야에 대한 전문성뿐만 아니라 부서와 협의를 할 때는 상대 부서에 대한 전문 지식도 함께 갖춰야 제 의견이 수용될 수 있다는 조언을 해 주셨습니다. 그때부터 이전에 수행되었던 비슷한 프로젝트의 기술문서를 찾아보기도 하고 실제 수행·담당하셨던 분들을 찾아가 의견을 구하기도 하며 이슈가 되는 업무에 대해서 그 분야의 담당자와 소통하기 위해서 그 분야의 지식도 같이 쌓아야 한다는 경험을 하게 되었습니다.

엔지니어 일을 하는 동안 내가 가진 기술을 같이 나누고, 상대방의 기술을 배우면서 더 큰 결과물을 낼 수 있었습니다. 프로젝트를 하는 다양한 분야의 사람들과 얘기를 하다 보면 자신의 분야에서도 생각하지 못한 아이디어를 얻을 수도 있고, 상대방의 업무에 대한 이해도가 높아짐으로 일의 효율도 더욱 높아진다는 것을 경험을 통해 배우게 되었습니다.

이러한 과정이 늘 즐거울 수는 없습니다. 몇 줄의 문장만을 통해 표현

했지만 그 과정 속에서 항상 자신의 부족함을 느껴야 했고, 맡은 프로젝트를 끝낼 수 있을까란 두려움과 좌절감을 느껴야 했습니다. 하지만 자신 있게 말할 수 있는 것은 어느 분야든 협업을 하는 일은 자신의 가치를 더욱 상승시킬 수 있는 또 다른 기회이며, 자기의 분야를 더욱 견고히 할 수 있는 가능성이 있다는 것입니다.

저 또한 협업하는 자리를 통해 제 인생의 다른 막을 시작할 수 있는 기회를 얻을 수 있었습니다. 제가 맡고 있었던 업무는 항공제어컴퓨터의 하드웨어 제작 업무로, 프로젝트의 중요한 이슈 중의 하나가 항공제어컴퓨터의 신뢰성을 확인하고 요구되는 안전성을 맞추기 위해 근거 자료를 제시하는 일이었습니다. 제어기의 플랫폼의 신뢰성을 확인하기 위해서는 플랫폼에서 동작하는 하드웨어 소자의 신뢰성뿐만 아니라, 소프트웨어의 동작 알고리즘을 이해하여 항공제어컴퓨터에서 수행하는 임무별 안전성을 분석해야 하는 일이었습니다.

안전성을 분석하는 신뢰성 표준을 이해하여 관련 부서와 협의하여 우리가 설계했던 플랫폼에 대한 기준을 제시하고, 관련 부서를 돌며 설계 내용을 보완하여 요구되는 안전성에 대한 설계 기준을 충족할 수 있었습니다. 이 경험을 바탕 삼아 연구원으로 이직할 수 있는 계기가 되었고, 항공기에서 차량으로 플랫폼을 변경하며 또 다른 기회를 얻을 수 있었습니다.

# 내가 가는 이 길의 끝이 어딘지
## 알 수 없지만 당당함 잃지 말기

새로운 사람들과 만나고 소통하는 것은 언제나 어려운 일입니다. 각 분야에서 전문성을 갖고 일하시는 분들은 똑같은 현상을 다른 관점에서 바라봅니다. 이렇게 다른 시각으로 이해하는 사람들에 대한 공감대를 이루고 서로의 이해관계에 대해 조율하는 일은 누구에게나 쉬운 일은 아닐 것입니다.

누군가와 소통하고 융합하는 일을 많은 시행착오와 좌절을 느낄 수 있는 경험에만 머물러 있지 말고 끊임없이 나아갔으면 합니다. 걸어 보지 않은 길에 대한 두려움과 많은 고민이 들겠지만, 실제로 걸어 보면 별거 아닌 일도 있고 주변의 사람들과 묵묵하게 걷다 보면 어느새 해결이 되어 있는 일들도 많이 있으니까요. 성공했던 경험들은 어느샌가 자신감으로 바뀌어 있길 기대하면서요.

어느 분야든 조직이나 사회에서 소수로 살아가는 것은 생각하지 못하는 고민을 해야 할 때가 있습니다. 저만 해도 이제는 어떤 회의를 가든 여성이 없다는 것에 대해 어색함을 느끼지 않습니다. 하지만 제가 그런 느낌을 받지 않는다는 것뿐이지, 그 상황에 있는 분들 중에는 여성이라는 이유만으로 불편함을 느끼시는 분도 있을 것입니다.

제가 할 수 있었던 일은 맡고 있는 일에 대해서 충분히 일을 수행할 수 있는 자격과 전문성이 있고 여성이라는 이유로 불편하게 하지 않겠다는 확신을 주는 것이었습니다. 다행히 여성이 갖는 장점은 상황에 유연하게 대처할 수 있으며 자칫 무거워질 수 있는 회의 분위기를 좀 더

발랄하게 진행할 수 있는 능력이 더 높다는 점입니다.

　여성으로서의 장점을 무기 삼아 꽤 괜찮은 엔지니어가 되는 것을 목표 삼아 묵묵히 걷다 보면 언젠가 자신이 원하는 위치에 있는 사람이 되어 있지 않을까란 생각을 합니다. 사실 이는 누군가에게 꼭 해 주고 싶은 말보다는 저 자신에게 최면처럼 늘 되뇌는 말입니다.

　좋은 사람을 만나고 싶다면 자신이 먼저 좋은 사람이 되라는 말처럼 자신의 일에 책임감을 갖고 주변 사람들의 말을 듣는 사람이 되어 있다면, 좋은 사람들과 관계를 맺으면서 지내면 어느샌가 나의 발자취를 따르는 사람이 더욱 많아질 거라는 확신 말입니다. 지치지 말고 우리 모두 '파이팅!'을 외치며 글을 마무리하겠습니다.

# 시간이 간다고 미래가 되지 않는다

**조은정** 코오롱미래기술원 미래연구소장 | 상무

고려대학교 이과대학 화학과에서 학사, 석사 학위를 취득하고 코오롱그룹에 입
사하였다. 연구 개발, 기획 및 전략, 신사업 개발 등의 업무를 추진했고 현재는
코오롱미래기술원 미래연구소장으로 근무하고 있다. 복합재료학회 융합기술분
과, 자원순환 정책포럼의 위원으로 활동하였으며, 한국자동차공학회 여성위원회
위원장을 맡고 있다. IR52 장영실상, 사내 연구 개발 우수상 및 여성 멘토링 최
우수상을 수상했고, 코오롱그룹에서 공채 출신의 첫 번째 여성 임원이 됐다.

# 대부분은 불확실하다

과학자가 되고 싶었다. 왜냐고 물으면 딱히 할 말은 없다. 내가 중학교를 다닐 때만 해도, 믿기 힘들겠지만 많은 학생들의 꿈이 과학자였다. 물론 수학·과학을 잘한다는 착각이 한몫했고, 그 시절 과학 선생님의 칭찬 한마디가 그 꿈을 단단하게 만들었다. 그래서 그 꿈을 좇아 원하는 학과에 입학했는데, 입학 후에는 이 길이 맞는지 내내 혼란스러웠다.

재미없는 건 아닌데 이보다 더 재미있는 것이 세상에 많을 것 같고, 할 만은 한데 업으로 계속 할 만한 것인가에 대한 고민이 많았기 때문이었다. 그 후 석사를 졸업하고 당시 코오롱그룹중앙연구소에 입사했다. 딱 십 년만 다녀 보자. 그동안 공부한 것 본전 생각에 딱 십 년만 다녀 보자 마음먹었다. 그렇게 나의 연구원생활이 시작되었는데, 지금까지 26년째 관련된 일을 하고 있다.

지나고 보니 첫 번째 업을 선택하게 되는 이십 대 중후반에는 나뿐만 아니라 많은 사람들이 뭘 하고 싶은지 불분명한 경우가 많다. 무엇을 간절히 좋아해서 내가 이 길로 가겠다는 확신을 가질 수 있으면 좋겠지만 대부분의 경우는 그렇지 않기 때문이다. 그런 연유에서 나는 신입사원이 간절한 마음으로 입사를 하고 얼마 지나지 않아 퇴사를 고민하는 것도 결국 어떤 확신이 없기 때문이라고 생각한다.

물론 직장에 다니다가 이 길은 나의 길이 아니다 다른 길로 가야겠다는 확신이 생기면 언제든 그만둬도 좋다고 생각한다. 하지만 대부분의 사람들은 막연하게 '아닌 것 같다'는 생각을 하며 시간을 보낸다. 그럴 때는 어찌 되었든 본인이 선택해 온 지금의 그 자리에서 그 길을 묵묵히 걸어가 보는 것도 나쁘지 않다고 생각한다. 인생의 대부분은 불확실하니까.

대학원 시절 전공은 반응 메커니즘이었다. 기업체 연구소에 입사해, 십 년 남짓 원료의약품 관련된 유기합성을 주로 했다. 대학에서는 유기합성을 좋아하지 않았는데, 그 일을 하다 보니 재미를 느꼈다. 직장 생활에서는 일을 통해 의미 있는 결과물을 만들어 내고, 그 결과로 조직에서 인정받으며 이 과정에서 개인이 성장할 때 재미를 느끼게 된다.

반복되는 실험을 통해 반응을 규명하는 과정에서 선배들과 격렬한 토론을 벌이기도 하고, 혼이 나기도 하며, 현장에서 스티로폼 한 장을 깔고 쪽잠을 자면서도 내가 만든 제품이 양산되는 과정을 통해 나도 함께 성장한다는 사실에 재미를 느꼈다. 그러자 언젠가부터 그 일은 내가 잘

2020 코오롱그룹 통합 시무식

하는 일이 됐다. 처음부터 그 일을 좋아하지는 않았지만 잘하게 되니 좋아하게도 됐다.

가끔 "업으로 좋아하는 일을 할 것인가? 잘하는 일을 할 것인가?"라는 질문을 받으면 나는 일단 자신이 잘하는 걸 하라고 조언한다. 사실 무엇이 먼저인지 명확히 알 수 없는 경우가 많은데, 이럴 때 본인이 잘하는 일이 좋아하는 일일 확률이 높기 때문이다.

## 버려지는 경험은 없다

십 년의 연구원 생활 이후 나는 기획 부서로 부서이동을 요청했다. 한 분야에서 해 온 연구 활동에서 한계를 느끼기도 했고, 다음 단계로의 성장을 위해서는 기획과 전략 업무 경험을 해야 한다는 판단이 들었기 때문이었다. 한데 그 과정에서 예기치 못한 계기로 회사를 나갈 뻔한 웃지 못할 해프닝도 있었다. 물론 결과적으로는 연구기획부서로 이동할 수 있었지만 말이다.

연구기획팀에서 나는 연구소의 전략부터 과제 관리, KPI 정립, 인사와 교육, 그룹 R&D 행사 기획에 이르기까지 다양한 업무를 수행할 수 있었다. 연구기획부서의 업무는 기존에 해 오던 연구 분야와 상당히 달랐다. 덕분에 나는 이 시기에 다양한 연구 분야에 대해 이해의 폭을 넓히는 계기를 마련했고, 전략적 사고를 키우는 데 많은 도움을 받았다. 또 다양한 업무를 통해 각 분야의 새로운 사람들을 만나 폭 넓은 배움의 기회를 가질 수 있었다. 그 후 이들과의 교류를 지속하면서 대내외에 네트워크 구축을 할 수 있었다.

당시에 인사와 교육을 담당했을 때는 신입 연구원 채용과 교육 업무도 진행했는데, 이 과정에서 맺은 인연들은 지금까지 서로에게 든든한 지지자 역할을 해 주고 있다. 이때 맺은 인연으로 나는 가족과 친구 외에 또 다른 형태의 사회적 연대를 느낄 수 있었다. 이들과의 인연은 일에 대한 어떤 보상과도 같다. 그때 이 업무를 하지 않았더라면 만나지 못하게 될 인연이었으니 말이다.

또 이때 일 중 잊을 수 없는 것이 하나 있는데, 그건 바로 그룹 내 R&D 행사에서 기획을 한 것이다. 이는 말 그대로 처음부터 끝까지 행사를 기획하는 일이었다. 이 일을 통해 나는 행사의 소소한 준비부터 의전까지 전 과정을 직간접적으로 경험할 수 있었다. 그리고 행사가 끝나면 각 계열사 연구소장 및 연구원들과 교류의 시간을 가졌다. 그때 훗날 어디서 어떻게 다시 만나게 될지 모를 사람들을 많이 알게 됐는데, 당시에 별다른 목적 없이 친해진 사람들이 십 년이 지난 지금까지 일하는 데 있어 여러모로 도움을 주고 있다.

연구기획부서에서 4년 남짓의 근무를 하고 나는 신사업 개발 부서로 이동했다. 처음에는 신규 사업의 연구 개발 업무를 담당하다가 이후에는 신사업 관련 그룹 조직이 발족되면서 주관 계열사로 이동해 근무했다. 계열사 이동 후 나는 신규 사업 추진을 위한 새로운 조직을 세팅하는 과정에서 또 많은 것을 배울 수 있었다. 그룹 신사업을 추진하게 되면서 이해관계가 다른 계열사들과 커뮤니케이션을 해야 했으며, 새로운 일을 위해 채용한 다른 조직문화의 인원들과 융합도 해야 했다.

M&A 추진을 위한 노력들, 함께 하는 사람들과 날마다 파이팅을 외

치며 고단한 날들을 보냈지만 파이팅을 외쳤던 숫자만큼의 좌절도 맛보아야 했다. 이제 와 생각해 보면 일을 해내고 싶은 의욕에 비해 시행착오가 많았던 건 아니었을까 싶다. 하지만 이 시기를 통해 나는 신규사업의 전략부터 초기 추진 단계에서 많은 것을 배우고 성장할 수 있었다. 그렇기 때문에 이 시간도 매우 의미 있는 시간이었다고 할 수 있겠다.

2019년 1월, 나는 지금의 코오롱미래기술원 미래연구소장으로 발령받아 이동했다. 미래기술원은 내가 부서 이동하기 6개월 전 그룹의 미래 가치 창출을 위해 새로 생긴 연구조직이다. 기존 사업 관련 연구 개발 업무는 각 계열사로 편입됐고, 트렌드 분석을 통해 유망 미래 사업을 발굴하고 그룹 신사업을 위한 기술 파이프라인을 확보하는 것이 미래기술원의 주요 역할이다.

2017년 JEC Asia 전시회

첫해는 R&D 전략 수립, 과제 기획, 인프라 구축 및 조직 구성을 중점적으로 진행하였다. 이 업무를 수행하는 과정에서 느낀 건 그동안 내가 여러 부서에서 경험했던 모든 일들이 복합적으로 도움된다는 사실이었다. 특히나 신규 조직 안정화는 이전 신사업 조직 운영 경험이 많은 도움이 됐으며 연구원으로서 혹은 기획담당자로서의 경험들은 신규 조직의 새로운 조직문화를 만들어 가는 데 도움을 주었다. 그뿐만 아니라 해당 연구원들과의 소통에도 많은 도움이 되었다. 세상에 버려지는 경험은 없는 것이다.

조직의 성장은 개인의 성장을 통해 이루어진다고 나는 생각한다. 특히 연구원에게 있어 지속적인 성장은 특정 분야에 대한 전문성, 다양한 분야로의 도전과 적극적 경험을 통해서 얻을 수 있다고 생각한다. 그러므로 언제나 잊지 말아야 할 사실 하나는 어떤 일이든 단기간에 이루어지지 않는다는 간단한 진리다. 그러니 한번 해서 안 된다고 고개 숙이고 돌아서지 말고 다시 툭툭 털고 일어나 도전하면 된다. 세상의 모든 아이들이 수없이 넘어지면서도 끝내 걷듯이 인생 역시 그런 것 아닐까 하는 생각을 하기 때문이다.


## ● 당연한 일이 당연해지기까지

1995년 입사하던 해 나는 결혼을 하였고 1996년 한 아이의 엄마가 됐다. 당시만 해도 옛날이라, 아이를 낳고 기르는 일에 대한 사회적 인식이 지금과는 많이 달랐다. 나는 화학연구팀의 첫 번째 여자 연구원이었으며 입사한 해에 바로 결혼한 첫 번째 여자 연구원이었다. 그때만 해도 신혼여행을 다녀온 직후 팀장님께서 "너는 바로 임신을 하지 않았으면 좋겠다."라는 말을 아무렇지도 않게 할 때였다.

물론 그런 팀장님 놀라게 해 드리려고 그런 건 아니었는데, 나는 결혼 직후 바로 임신을 했다. 한데 팀장님 말씀도 있으시고 하니, 이 사실을 선뜻 회사에 말하지 못하고 고민하다가 어느 날 한 남자 선배에게 이 일에 대해 상담했더니 그 선배가 실험은 혼자 조심한다고 되는 일이 아니라고, 주변이 전부 알아야 한다며 시원하게 소문을 내주고 다녀서 그날로 모든 사람이 임신 사실을 알게 되었다. 그러자 팀장님이 내게 '너 아기 바로 안 갖는다며?' 했던 게 생각난다.

연구는 스케일에 따라 실험실에서 진행하다가 파일럿 테스트를 진행하고 이후 양산을 하게 되는데, 파일럿부터는 공장에 있는 설비로 테스트를 진행해야 하기에 지방 출장을 필연적으로 가야 한다. 그때 임신한 몸으로 실험실 공정 개발을 하고 있었고, 향후 파일럿 테스트를 어떻게 할 것인가에 대해 이야기 나누는데 팀장님이 '임신해도 공장에 파일럿 테스트는 가야 해.'라고 하셨다. 나 역시 그러겠다고 했다. 다행인지 불행인지 그 프로젝트는 파일럿 테스트까지 진행되지 못했다.

당시에는 출산휴가가 두 달이었다. 출산 후 두 달 만에 복귀한 나는 신입 OJT로 했던 아이템을 다시 진행했고, 실험실 개발을 일 년 정도 진행한 후 파일럿 테스트를 준비하게 되었다. 공장 출장을 누가 갈 것인가에 대해 협의를 하는 과정이었는데, 사수가 주 개발자인 나를 대신해 남자 연구원을 데리고 가겠다고 했다. 공장 시운전이 고생이지만 그 과정을 반드시 거쳐야만 양산과 사업화라는 결실을 맺게 되는데 나 대신 다른 사람이 가게 된다는 것이었다.

사수에게 내가 가야 하는 이유를 강하게 주장한 후에야 공장에 갈 수 있었고, 공장 시운전을 진행한 첫 번째 여자 연구원이 되었다. 이 일이 있은 후 적어도 우리 연구소에서는 남녀를 떠나 개발 담당자가 시운전을 가는 것은 다시 물을 것이 못 되는 당연한 일이 되었다.

임신했을 때 공장 시운전을 가라고 했던 팀장, 내가 개발한 과제에 공장에 여자 연구원이 가 본 적 없다고 배제한 사수. 지금 생각해 보면 두 남자 상사는 생애 처음 여자 연구원을 받아, 어떻게 대해야 하는지 잘 몰랐던 것 같다. 그저 단순하게 임신했을 때는 배려해 주고, 본인 개발 과제 시운전은 직접 가게 하면 된다는 상식적인 판단만 했으면 됐는데 그들은 그러지 못했다. 당연한 일이 당연해지기까지 많은 시간이 걸렸다.


## ● 초대형 인생 프로젝트 '육아'

내 인생 최장기 초대형 프로젝트는 단연 "육아"다. 아이가 성인이 되고 생각해 보니 내가 통과한 육아는 끝이 보이지 않아 막막하고 긴 터널이었다. 정작 그 길을 지나올 땐 몰랐는데, 지나고 보니 그 길이 굉장히 힘든 길이었다는 생각이 든다. 하긴 한 아이를 키우는 데 온 마을이 필요하다는데 요즘 같은 세상에 아이 키우는 게 안 힘들면 그게 더 이상한 거 아닐까.

한데 종종 회사 후배 워킹맘들이 털어놓는 고민을 들으면 그때나 지금이나 워킹맘의 상황은 별반 다르지 않구나 하는 생각이 든다. 왜냐면 내가 당시에 아이를 키우며 했던 고민과 지금 세대의 고민이 크게 다르지 않기 때문이다. 해서 나는 워킹맘 후배들에게 먼저 육아 터널을 지나온 선배로서 당시에 내가 받았던 위로들을 전해 주곤 한다.

엄마의 역할과 직장인의 역할을 동시에 제대로 해내기 만만치 않고, 육체적으로나 정신적으로나 힘든 것도 사실이지만, 이 일을 나 혼자 하고 있는 게 아니라는 사실과, 내가 인류 최초로 처음 육아를 하는 게 아니라는 걸 생각하면 이상하게 위로가 된다. 다 같이 겪는 난리는 난리가 아니라는 말이 있다. 이유는 잘 모르겠는데 어디서 누군가 나처럼 육아로 인해 매일같이 고군분투하고 있다 생각하면 조금이라도 덜 외롭기 때문이다. 남들도 다 하고 있으니 나도 할 수 있다 생각하면 마음이 벌써 편해지는 것도 사실이고 말이다.

또 이 일을 하며 반드시 명심해야 할 게 있다. 그건 바로 모든 일엔 끝이 있다는 것이다. 당연한 얘기 같지만, 막상 긴 터널 안에 있을 땐 도무지 이 일의 끝이 보이지 않는다. 하지만 아이는 계속해서 자란다. 품 안에 겨우 안기던 갓난아이가 자라면서 걷고 말하고 뛰어놀다 학교에 가고 성인이 되어 가는 과정을 지켜보는 건 그 자체만으로도 기쁜 일이지만, 어느새 다 자란 아이가 아빠 키를 훌쩍 넘어서고 이 사회의 구성원이 되는 걸 보면 아이도 기특하지만 엄마인 나도 스스로가 기특하다. 그러니 지금 이 순간 육아의 터널을 지나고 계시다면, 그 사실을 잊지 않으셨으면 좋겠다.

이와는 별개로 많은 사람들이 내게 아이를 양육하며 어떤 교육관을 갖고 있었냐고 묻는다. 그럴 때면, 처음부터 어떤 확고한 교육관을 가지고 있었던 건 아니었고 아이가 커 감에 따라 내 욕심을 내려놓고 아이에 맞게 조율해 가면서 만들어진 것 같다고 대답한다. 부모 역할 또한 처음 하는 일이므로 즐거움과 함께 어려움이 있는 것이 당연한데, 이때 부부가 상의하면서 그 과정을 같이 지나가는 것이 중요한 것 같다.

나는 부모가 아이에게 줄 수 있는 최대의 유산은 다른 게 아니라 행복한 추억이라고 생각한다. 나 역시 그랬듯, 부모와 함께 쌓은 좋은 추억은 앞으로 아이가 살아갈 세상에서 든든한 힘이 되어 줄 수 있기 때문이다. 해서 나는 여행이든 공연이든 그게 뭐가 됐든 항상 온 가족이 함께하는 일에 의미 부여를 하고 살았다. 아이가 그간 우리가 어디 어디를 갔는지 정확하게 기억하지 못한다 해도 그 시절 행복하고 좋았던 마음만큼은 오래도록 남을 거라 믿었기 때문이다.

그리고 아이를 키우며 내가 포기하지 않고 잡고 있던 것이 하나 있다면 그것은 바로 악기다. 축구를 좋아하는 아들은 악기를 그다지 좋아하지 않았기에 다른 것은 시도해 보지 못하고 어릴 때 시작한 피아노만큼은 중학교를 졸업할 때까지 계속했다. 다행히 죽어도 못하겠다 하지 않아 건성으로 다니고 있었는데, 재미있어하는 것 같지도 않고 실력이 느는 것 같지도 않아 중간에 그만둘까 고민하기도 했었다.

하지만 결론적으로 아들은 중2 때 갑자기 피아노를 열심히 치기 시작했다. 아들이 입시 스트레스 받을 때 피아노를 치는 걸 보며 앞으로 아이가 살아가는 동안 스트레스를 관리할 방법 하나는 생겼구나 생각이 들어, 본전 생각에 도중에 그만두게 하지 않길 잘했다 생각했다.

이제 와 생각해 보니 나 스스로 아이를 키우며 끊임없이 내 아이를 어떤 아이로 키우고 싶은지, 또 나는 어떤 엄마이고 싶은지에 대해 자문자답을 많이 한 것 같다. 나는 아이를 한 명의 독립적인 사람으로 키우

연구원들과 함께 만든 사내봉사동아리(피투바이러스)에 아이와 함께 참여하다

고 싶었고, 아이가 엄마를 떠올릴 때는 회사와 가정에서 늘 독립적이고 행복한 엄마였던 걸로 기억했으면 좋겠다고 생각했다. 이런 생각들은 나에게 아이 교육에 있어 하나의 기준이 되어 주었다. 나는 부모가 행복해야 아이도 행복하다는 사실을 믿는다.

● 시간이 간다고 미래가 되지 않는다.

페이팔 공동창업자 피터틸의 저서 『제로투원』에 나오는 글귀이다. 지금의 나의 모습은 내가 보낸 시간의 결과물이라 생각한다. 또한 미래의 나의 모습은 지금 내가 보낸 시간의 결과물이 될 것이다.

되돌아보면 나를 성장시킨 동력은 다양한 분야로의 도전과 몰입이었다. 엔지니어로서 특정 분야의 전문성을 갖는 것은 매우 중요하다. 그 전문성을 바탕으로 다양한 업무에 도전해 보는 것이 좋다. 도전에는 어느 정도의 용기가 필요하고, 때론 그 도전의 결과가 우수한 성적표로 돌아오지 않을 수도 있다. 하지만 그 실패의 경험조차도 또 다른 자산이 되어 나에게 쌓이게 되어 있다. 시간이 흐른다고 그냥 미래가 되지 않는다는 것은 확실하다. 직장에서나 개인적으로나 무엇을 계속해 나가는 것은 중요하다. 매일매일의 힘을 믿으며 말이다.

PART 3  융합

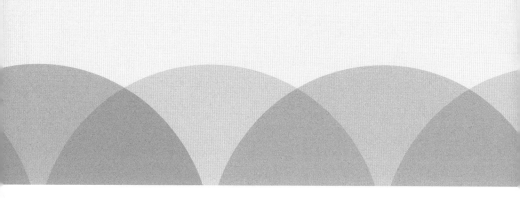

: 공학의 한계는 없고, 공학인의 한계는 더더욱 없다

# 미술을 사랑한 과학도

김은진 국립현대미술관 학예연구사

과학고와 카이스트 산업디자인과를 졸업했다. 이후 미술품 복원에 빠져 영국에
서 복원 공부를 하고 돌아왔고 현대미술의 보존을 위한 연구로 박사를 마쳤다.
현재 국립현대미술관 학예연구사로 근무하며 미술관에서 과학의 역할을 늘, 아
직도 고민 중이다.

## 미술관

"선생님, 전시장에 있는 미디어작품의 모니터가 이상해요. 한번 봐주세요!"

누군가 나를 다급하게 찾았다.

"전원을 완전히 내렸다가 다시 켜 보세요."

나는 모니터 뒤를 툭툭 치며 대답했다.

"네? 선생님, 카이스트 나오셨다면서요?"

나는 미술관에서 일한다. 나는 미술관에서 만나는 의외의 인물 중 하나이다. 하지만 고장 난 모니터를 고치는 사람은 아니다. 미술관이 나에게 원하는 역할이 그것이 아니길 바란다. 미술관은 과학자들에게 단순히 여가를 위한 휴식의 공간을 넘어 호기심과 연구의 대상이 된다. 미술관에 다녀간 수많은 과학자가 있지 않았던가. 미술관에 간 화학자, 물리학자, 수학자, 법의학자 등 책도 여럿 있다.

그러나 나는 미술관에 그림을 보러 오는 사람이 아니라 미술관에 일하러 오는 사람이다. 카이스트를 졸업한 지 20년이 넘어 이제는 스스로 과학자라고 부르지도 않는다. 물론 예술가도 아니다. 나는 이도 저도 아닌 애매한 영역에서 애써 과학이라는 이름을 붙잡고 있는 미술품 보존가(Conservator)이다.

# 우연

미켈란젤로의 명작, 시스티나 성당의 천장에 그려진 벽화를 만날 생각에 나는 많이 들떠 있었다. 대학 3학년 여름방학이었다. 날씨는 후덥지근하여 조금만 움직여도 땀이 났고, 바티칸 시국은 관광객들로 북적였다. 아뿔싸, 그런데 성당에 들어서는 순간 놀라운 광경이 펼쳐졌다. 성당 내부에는 철 구조물이 촘촘히 만들어져 있었고 그림 대부분이 하얀 천막에 가려져 볼 수 없었다. 벽화를 '복원(Restoration)' 중이라고 했다. 그 앞에는 시커멓던 그림이 환하게 밝아진 전후 비교 사진이 전시되어 있었다.

얼마나 먼 길을 왔는데 작품을 볼 수 없다니, 실망스럽지 않을 수 없었다. 나는 하얀 천막 사이로 빼꼼히 눈을 내밀었다. 그곳에는 하얀 가운을 입은 사람들이 붓을 들고 벽화를 손질하고 있었다. 과학자처럼 보이기도 하고 미술 하는 사람처럼 보이기도 했다. 사람들은 그들을 '복원가(Restorer)'라고 불렀다.

그때 나와 미켈란젤로 벽화의 조우는 내가 미술품의 보존이라는 학문에 매료되기 시작한 운명의 시간이었다. 한국으로 돌아온 나는 도대체 그것이 무엇을 하는 일인지 조사하기 시작했다. 그리고 아직 우리나라에는 제대로 미술의 보존을 공부한 전문가가 몇 명 되지 않고, 작품을 다른 나라로 보내 처리를 해 오기도 하는 척박한 분야라는 것을 알게 되었다. 또 과학적인 지식과 접근이 아주 중요한 일이고, 단순하게 그림을 그리는 일이 아니라는 것을 알게 되었다. 그리고 아마도 내가 잘할 수 있는 일일 것이라는 막연한 기대와 자신감에 사로잡혔다.

## 과학 vs. 예술

19세기 프랑스의 의사 아르망 트루소(Armand Trousseau, 1801~1867)는 과학과 예술에 대해 이렇게 말했다.

"최악의 과학자는 예술가가 아닌 과학자이고, 최악의 예술가는 과학자가 아닌 예술가이다."

과학자는 곧 예술가와 같다는 말처럼 들린다. 예술(art)의 어원이 라틴어 아르스(ars)에 있다고 한다. 또 아르스는 '법칙에 따른 합리적 제작활동'을 의미하는 그리스어 테크네(techne)에서 나온 것이라고 한다. 이미 예술과 기술은 서로의 개념을 포함하고 있었다고 볼 수 있다. 어쩌면 그랬는지도 모른다. 레오나르도 다빈치를 묘사하는 직업으로 화가, 건축가, 조각가, 천문학자, 물리학자 등등이 끝없이 기술되는 것을 보면 말이다. 둘 중 하나도 잘하기 힘든데, 둘 다 잘해야 한다니 좌절이다.

과학과 예술의 공통점은 명확하다. 창작, 창조, 발견, 즉 새로움에 대한 끊임없는 도전이다. 단, 과학은 냉철한 이성과 합리적 추론을 바탕으로 도전을 한다면, 예술은 풍부한 감정 표현과 직관을 허용하고 심지어 그것을 미덕으로 삼기도 한다. 하지만 모든 것에 이분법적인 사고를 요구하기 시작하면서 과학과 예술은 융합이라는 거창한 말을 내세우지 않고서는 함께하기 힘든 사이가 되었다.

나는 과학고를 나올 정도로 순수 이과생이었지만 그림을 유난히 좋아했다. 그림을 그리는 것도 좋아해서 사생대회에 나가 곧잘 상도 받았다. 중학교 졸업 즈음에는 과학고가 아니라 예고를 가겠다고 했었다. 물론 부모님의 반대로 이루어지지는 않았다. 그리고 과학고에서 자연스럽게 카이스트로 진학하게 되었고 산업디자인학과를 선택한 것도 대략 감출 수 없는 개인적 성향 때문이었다.

한 번도 입시 미술을 배워 본 적은 없었지만, 정밀묘사, 색채조형, 평면디자인 이런 기초 실기 과목을 듣는 것이 정말 즐거웠다. 밤새 그림을 그려도 즐거웠다. 아마도 그래서였던 것 같다. 물리·화학에 대한 과학적 지식으로 미술품의 물성을 이해하는 것이 중요하고, 손상된 작품 일부를 정교하게 되살리는 섬세한 손도 필요한 일이 바로 보존이었다. 나의 적성에 딱 맞는 일을 찾았다고 생각했다.

## 미술품을 지키는 과학

이렇게 알 듯 말 듯, 과학과 예술이 모호한 경계를 가지고 확실하게 뒤섞여 만들어진 학문의 한 분야가 보존, 보존을 위한 과학이다. 영국의 학교에서는 물리, 화학, 미술사 수업과 함께 미술품의 복원을 위한 이론 수업과 실습이 있었다. 실제 작품을 가지고 교수님의 지도로 작품을 다루는 법부터 분석하고 처리하며, 장기적으로 보존 환경을 만드는 것까지 폭넓은 수업이 집중적으로 이루어졌다. 보존가로서 갖추어야 할 직업윤리와 작업 안전에 대한 수업도 중요하게 다루어졌다.

무엇을 '보존'한다는 것은 보존의 대상이 가진 가치의 지속성을 보장하고자 하는 것이다. 그 가치는 긍정적인 것일 수도 있고 아닐 수도 있다. 우리는 아마존의 밀림, 멸종 위기의 판다 곰을 보존한다고도 하고, 사라져 가는 전통 민요와 동래 학춤을 보존한다고도 한다. 나치의 만행이 고스란히 남겨진 폴란드의 아우슈비츠 수용소도 보존한다. 물리학에서는 질량과 에너지가 보존된다는 불변의 기본 법칙도 있다. 한국으로 돌아와 일하면서 가지게 된 고민은 사실 '어떻게' 보존하는지에 대한 방법론적인 것이 아니었다. 오히려 '왜'에 대한 근본적인 대답을 찾는 일이 더 힘들었고, 그 고민으로 시작한 것이 박사 과정이었다.

아주 오래전부터 미술품에 뭔가 문제가 생기면 다시 칠하고 고치는 것은 흔한 일이었다. 하지만 단순히 어떤 물체가 부서진 것을 붙이고 마음에 들지 않는 것을 다시 만드는 수리와 보수의 개념은 여러 가지 측면에서 지금 우리가 말하는 미술품의 보존과 복원, 보존과학의 개념과는 거리가 있다.

첫째, 대상물의 가치와 기능에 대한 고민이다. 식탁 의자의 다리가 부러졌다고 생각해 보자. 당장 식사하기에 불편해서 우리는 못을 박아 부러진 다리를 고치거나, 고칠 수 있는 상태가 아니라면 새로운 의자를 사면 된다. 그러나 그 의자가 태양왕 루이 14세가 베르사유궁전에서 사용하던 17세기 황금시대의 의자라고 가정해 보자. 함부로 못을 박거나 버릴 수 없다. 비록 앉을 수 없는 상태라고 하더라도 그 의자는 존재 자체가 보존되어야 하는 대상으로 전문가의 손에 의해 복원된다. 의자를 만든 나무의 종류가 무엇인지 분석하고, 어떤 짜임새로 만들어졌는지 엑스레이 촬영도 할 것이다. 곳곳에 박혀 있는 보석은 무엇인지 원소분석을 할지도 모른다.

반면, 우리 아들이 5살 때 그린 그림 한 장이 집에 걸려 있다고 생각해 보자. 처음으로 엄마 얼굴을 삐뚤빼뚤 그린 것으로 볼 때마다 웃음이 나는 그림이다. 그런데 실수로 이 그림이 찢어져 버렸다면 쉽게 버릴 수 있을까? 이 그림을 다시 붙이고 복원하는 일은 수십억이 넘는 유명 화가의 그림을 고치는 일과 과연 무엇이 다를까? 대상물의 기능과 가치에 대한 깊은 고민 없이는 무엇을, 어떻게, 왜 보존하는 것인지 대한 명확한 해답을 찾기란 쉽지 않다.

둘째, 대상물이 가지고 있던 원래의 모습에 대한 존중이다. 죽은 아내의 초상화를 한참 보고 있던 한 남자는 어깨가 너무 드러난 그녀의 하얀 드레스가 영 마음에 들지 않았다. 너무 슬퍼 보이는 얼굴도 싫었다. 그는 친구 화가를 불러 그 위에 다른 옷을 그려 넣도록 하고 얼굴도 밝게 웃는 모습으로 바꾸었다. 이러한 원본의 변화와 지극히 개인적인 취향에 따른 개선을 복원이라고 칭하던 시대가 있었다.

미켈란젤로의 천장 벽화에 벌거벗고 있던 인물 모두에게 이후 화가들이 옷을 입힌 것처럼 말이다. 옛날에는 작품이 완성되고 난 뒤 얼마나 많은 사람이 그림에 손을 댔는지, 그것을 다 닦아 내고 원래의 모습을 찾는 일에만 몇 년씩이 걸렸다. 그래서 찾을 수 있으면 다행이지만 그렇지 못한 경우도 많았다. 지금의 보존과 복원은 철저하게 작가가 의도한 처음의 모습을 존중하고 최대한 찾으려고 한다.

셋째, 대상물의 보존 목적에 대해서 사회적 합의를 요구한다. 우리 집에 걸린 우리 아이의 그림에는 해당하지 않는 이야기이다. 과거에는 작품을 누가 어떻게 보존하고 복원할지에 대한 결정이 사회적·종교적 이유 또는 지극히 개인적인 관심으로 이루어졌다. 이해 당사자 간의 타협과 대중의 이해까지 고려하여 결정을 내리는 지금의 보존과는 거리가 멀었다. 현대의 보존가들은 공공의 문화유산을 잘 지켜 다음 세대에 온전히 전해 줄 책임이 있다. 직업적 보존윤리에 기반하여 의사결정을 내리고, 독단적이고 편협된 태도를 지양해야 한다.

흔히 미술품의 보존을 환자를 치료하는 의술에 비교한다. 사용되는 과학기술도 유사한 점이 많다. 환자가 찾아오면 증상을 살피고 진료 기록을 살피는 것처럼, 작품이 손상되어 문제가 발생하면 그 원인을 진단하는 일부터 한다. 사진도 찍고, 엑스레이도 찍고, 환자 차트도 만든다. 필요하다면 조직 검사도 하고 혈액 검사도 한다. 다음은 처방이다. 응급수술이 필요하다면 서둘러 처리를 한다. 약만 먹어도 괜찮을 때는 돌려보내기도 하고, 도저히 손을 쓸 수 없을 지경이 되었을 때는 사망선고를 내리기도 한다. 또는 전문가들을 불러 모아 회의를 통해서 어떤 방향으로 치료를 해야 할지 의논해야 할 때도 있다. 증상에 따라 몇 차례에 걸쳐 대수술하기도 한다.

이 과정에서 필요한 여러 가지 진단, 검사 그리고 치료 장비들이 사용된다. 전자현미경은 물론이고 내시경, 컴퓨터단층촬영(CT), 엑스선형광분석기(XRF), 가스크로마토그래피(GC), 퓨리에변환적외선분광계(FTIR), 레이저 등이 사용된다. 미술품의 보존만을 위해 개발되는 장비나 기술, 화학약품 등은 좀처럼 찾기 힘들다. 대신 다양한 방면에서 활용되는 물질과 기술 중에서 미술품의 보존에 적합한 것들이 선별되어 적용된다.

보존가와 보존과학자가 최신 기술에 관심을 기울이고 자기 계발에 게을러서는 안 되는 이유이다. 훌륭한 의사가 되기 위해서는 많은 환자를 치료하며 얻게 되는 경험도 중요하지만, 끊임없이 새로운 치료 방법과 의약 공부가 필요한 것과 같다. 미술품 보존에 적용하기 위한 기준이 되는 요건들은 이를테면 이런 것이다. 미술품에서 분석을 위해 조직을

작업 모습 　　　　　　　　　　　　 작품 상태 조사 모습

떼어 내는 것은 아주 조심스러운 일이기 때문에 비파괴 분석이 원칙이다. 또 처리하는 재료는 반드시 물리 화학적으로 안정적이고 이후에도 제거할 수 있어야 한다. 언제든 새로운, 좋은 것이 나왔을 때 다시 처리할 수 있어야 하기 때문이다.

## 미술관의 과학자

미술관은 보존의 가치가 있는 미술 작품을 수집하고 잘 보관하는 임무를 가진다. 이 작품들을 잘 기획된 전시를 통해서 보여 주기도 하고, 우리 사회를 이해하는 중요한 매개체로 조사하고 연구하며 교육 자료로 활용하기도 한다.

단, 이런 미술품도 수명이 정해져 있는 물질이라는 점은 특별한 관심과 까다로운 접근을 요구한다. 노화와 변형이 피할 수 없는 것이라면 최소화하기 위한 예방책을 세우는 것이 중요하다. 미술품을 단지 아름다운 감상의 대상이 아니라 제한된 수명을 가진 물질적 보존 대상으로 보고 연구하고 조사하는 사람도 필요하다. 과학에서 예술의 역할, 예술에서 과학의 역할에 대해 진지하게 고민하는 사람이 필요한 것이다.

돌이켜 보면 과학도로서 성장한 이후 미술과 관련된 일을 하려고 했던 것은 어쩌면 굉장히 무모한 도전이었는지도 모른다. 그리고 미술관이라는 제도 안에서 자리를 잡은 것 또한 평범한 운명은 아니다. 그래서 나는 아직도 고민 중이다. 미술관에 일하러 온 과학자는 과연 무슨 이야기를 만들어 가야 하는지 말이다.

# NASA를 꿈꾸던 과학 소녀,
# 더 넓은 세상을 누비다

**신방실** 한국방송공사(KBS) 기상전문기자

연세대학교에서 수학과 대기과학을 공부한 뒤 2004년 동아사이언스에서 기자 생활을 시작했다. 2008년에는 한국방송공사(KBS)로 자리를 옮겨 기상전문기자로 일하면서 신속하고 정확한 재난 정보를 전달하고 과학 분야의 뉴스를 심층적으로 보도해 왔다. 2018년 '올해의 과학언론인상'을 수상했다. 최근 들어서는 같은 꿈을 꾸고 있는 후배들을 만나는 일이 얼마나 즐거운지 깨닫고 있다. 저서로는 『생각이 크는 인문학_기후위기』, 『오늘도 대한민국은 이상 기후입니다!』, 『눈이 따끔, 숨이 탁! 미세먼지』, 『나만 잘 살면 왜 안 돼요?』, 『두 얼굴의 하늘 날씨와 재해』 등이 있다.

## "기상전문기자? 기상캐스터?"

KBS에 기상전문기자로 입사했을 때 동기들이 고개를 갸웃거렸다. 긴 머리에 원피스를 즐겨 입는 나를 보고 다들 기상캐스터인 줄 알았다고 했다. 당시에는 '여자 사람' 방송기자에 대한 고정관념이 굳건했다. 귀를 넘지 않는 단정한 단발머리에 검정 바지 정장 그리고 검은색 노트북 가방까지 들어 줘야 안팎에서 인정받을 수 있었다.

가끔 동기들 사이에서 정장 차림일 때는 회사 출입구에서 청경들이 먼저 인사를 건네며 문을 열어 주다가도 편안한 캐주얼 복장일 때는 출입증을 제시하라며 의심의 눈초리로 바라봤다는 얘기가 돌았다. 아직까지 겉모습이 중요했던 시절이었다. 특히 여기자들 사이에선 여성성을 가능한 숨기고 남자들과 똑같은 차림에 똑같이 행동해야 살아남을 수 있다는 생존 본능이 깔려 있었다.

사회부 시절에 경찰서를 돌 때도 형사과장을 '형님'이라고 부르며 정보를 얻고 경찰서장 방문을 발로 쾅 차고 들어가라고 선배들에게 교육받던 시절이다. 지금 생각하니 정말 아득하기만 하다. 세상이 바뀌면서 이제는 경찰서에서 먹고 자는 수습 생활 자체가 없어진 언론사도 많다. 갑자기 "나 때는 말이야"를 하고 있는 기분이다.

『과학동아』라는 과학 전문 매체에서 자유롭게 기자 생활을 하던 나는 KBS로 자리를 옮긴 뒤 큰 난관에 부딪혔다. 나를 바라보는 외부의 시각이 꽤나 단단했기 때문이다. 기상전문기자로 들어왔기에 망정이지, 일반 기자였다면 더 심한 고초를 겪었을 수도 있다는 생각이 든다. 다른 기자들과 똑같이 경찰서 생활을 하며 취재를 배웠지만 나는 나만의 스타일을 고수했다.

원피스 차림으로 인터뷰를 나가자, 다들 기자 같지 않다는 반응이었다. 여자는 기자가 아니라 리포터이거나 기상캐스터일 거라는 고정관념도 한몫했다. 주변의 색안경에도 나는 꿋꿋하게 버텼고 남자들과 똑같이 행동해야 한다는 생각도 버렸다. 남자 기자들의 체력이나 주량을 따라가려고 애쓰는 시간에 나만의 방식으로, 나만의 장점으로 사람들을 만나고 마음을 열면 된다고 믿었다.

그뿐만 아니라 불가능한 취재는 불가능하다고 말했고 밤을 꼬박 새우라는 말에 졸린데 어떻게 참느냐고 물었다. 이런 나를 보고 "군기가 잡히지 않는다."면서 일부 선배들은 손사래를 쳤지만 보도국은 '군대'가 아니지 않은가?

24시간 이어지는 태풍특보에 출연 중인 모습(2019년)

지금은 기자들 사이에서 개성 있는 옷차림이 늘고 선후배 간의 표현도 자유로워졌다. 또 여자 기자의 수가 압도적으로 늘면서 '여기자'라는 표현이 이제는 성차별적인 용어가 돼 버린 게 현실이다. 외모에 대한 간섭이나 편견도 줄고 있다.

## ● 2012년 태풍 5개에 이어 2019년은 7개?

서울 서초경찰서에서 먹고 자며 강력팀장을 따라다니다가 결국 '성범죄자' 단독을 물고 온 뒤 나의 수습 생활은 끝났다. 이후부터는 기상전문기자로 일하며 사시사철 자연재해와 각종 재난을 취재하게 됐다. 나보다 먼저 입사해 2002년 태풍 '루사'와 2003년 '매미'를 겪은 선배들은 "빨리 강한 태풍이 와야지 방실이가 훈련이 될 텐데…." 하면서 '애정 어린' 걱정을 해 줬다.

그러던 2012년, 태풍 5개가 한반도에 올라왔다. 7월부터 9월까지 밤낮을 가리지 않고 재난방송이 이어졌고 스튜디오에서 살다시피 했다. 전국의 CCTV 화면을 보여 주면서 왜 이렇게 많은 태풍이 오는지, 과거와 비교해 위력은 어느 정도인지, 어느 지역이 가장 위험한지 기상전문기자로서 심층적인 뉴스를 전했다. 나중에는 잠이 모자라 생방송 도중에 눈이 감기고 목소리가 잠기기도 했다.

지나고 보니 그때가 기상전문기자로서 이름을 알리고 기상캐스터와 다른 차별성을 보여 줄 수 있었던 계기였다. 더 이상 기상캐스터라는 오해를 받지 않게 됐고 기상전문기자 '신방실'이라는 이름을 아는 분들도 점점 많아졌다. 유명인이 된 듯한 착각에 약간은 으쓱했던 것 같다.

그러나 인생은 그리 호락호락하지 않다. 2012년이 최다일 줄 알았지만 2019년에는 10월까지 무려 7개의 태풍이 한반도에 영향을 줬다. 관측 이후 가장 많은 기록으로 2012년의 태풍 5개는 이쯤 되면 애교였다. 2019년에는 태풍이 이상하게 주말이나 공휴일 등 '빨간 날'에만 와서 일주일 내내 쉬지도 못하고 일을 해야 했고 몸과 마음의 고달픔은 극에 달했다.


## 희망찬 2020년?
## 끝이 보이지 않는 '코로나19' 대유행

2020년으로 넘어가면서 우리 모두는 아마도 꿈에 빠져 있었을 거다. 2020년은 1980년대 태어난 내가 열광적으로 꿈꾸던 미래였다. 자동차는 하늘을 날아다니고 로봇들이 거리를 활보하는 모습이 머릿속에 있었다.

그러나 희망과 함께 시작한 2020년에 '코로나19'가 대유행하기 시작한 거다. 우리나라에선 2월부터 확진자가 속출했고 3월에는 세계보건기구(WHO)가 '팬데믹'(세계적 대유행) 선언을 했다. 자연재해뿐만 아니라 전염병 등 사회재난 역시 우리의 취재 영역이었기에 매일매일 코로나19 특보에 출연해 그날의 상황을 브리핑했다.

문제는 해가 갈수록 기상이변은 잦아지고 코로나19 바이러스 못지않게 강력한 감염병의 공격은 더 심해질 거라는 점이다. 내가 현재 취재하고 있는 영역을 대충 열거해 봐도 태풍과 폭염, 장마, 폭우, 폭설, 지진, 산불, 황사, 미세먼지, 기후변화, 온실가스에 각종 감염병까지 재난과 관련된 분야는 더욱더 광범위해지고 있다. 만약 우주에서 소행성이 날아와도 재난이고 북한이 미사일을 쏘고 핵실험을 해도, 전쟁이 나도, 그리고 외계인이 쳐들어와도 나는 출동해야 할 거다.

　가족이나 친구들은 내가 바쁠수록 티브이에서 자주 봐서 좋다고 하지만 사실 하루하루가 정신없는 날의 연속이다. '바쁘다', '제정신이 아니다'라는 말을 입에 달고 산다. 오늘 저녁에 무슨 일이 생길지 나 자신도 알 수 없기 때문에 약속을 펑크 낼 때가 많다. 힘든 나날이지만 방송을 본 시청자들의 격려와 보람, 사명감 때문에 지금까지 현장에 나가고 또 스튜디오에 서는 일을 계속하고 있는 게 아닐까?

코로나19 통합뉴스룸에서 확진 현황을 브리핑하는 모습(2020년)

# "NASA의 천문학자가 될 거야."

처음부터 내가 기자를 꿈꿨던 것은 아니다. 고등학교 시절에 우연히 조디 포스터가 주연을 맡은 영화 〈콘택트〉를 봤다. 1997년에 개봉했던 영화인데 기억이 생생하다. 어린 시절 아버지를 잃은 소녀가 자라 천문학자가 되고 우주에서 외계 생명체를 찾는 내용이다. 외로운 사막을 배경으로 펼쳐진 관측소의 풍경과 외계의 베가성에서 정체 모를 신호가 도착할 때의 감동이란!

영화를 보며 나는 막연히 천문학자를 꿈꿨고 미 항공우주국(NASA)에 들어가야겠다고 생각했다. 우주의 생명체를 찾는 과학자라니 얼마나 폼 나고 멋진 일인가. 연세대 자연과학부에 입학한 뒤 수학을 기본으로 물리학과 천문학, 대기과학 수업을 들으며 진로를 탐색했다.

전공 선택은 2학년 2학기 때 했는데, 고민이 많았지만 결국 수학과 대기과학을 택했다. 공부를 해 본 결과 수학은 기본으로 배우면 좋을 것 같았고 화학이나 생물처럼 실험을 하지 않아서 좋았다. 그냥 머리로 생각하고 숫자로 정리하면 되는 단순함이 맘에 들었다. 그러나 물리학과 천문학은 내가 보기에 천재들의 학문이었다. 깊이 들어갈수록 머리에 쥐가 났다.

그러다가 관심이 생긴 학문이 대기과학이었다. 기본적인 역학을 바탕으로 눈에 보이는 바람과 강수 현상 등을 설명해 주는 실용성이란! 일기도 한 장 속에 들어 있는 무궁무진한 시간과 공간이 너무 멋졌다. 미래를 내다볼 수 있게 해 주는 '보물지도'가 내 손 안에 있었다.

## "이공계인데 글은 잘 쓰나?"
## 언론사 시험 줄줄이 고배

학부에서 수학과 대기과학을 공부하면서 고민이 깊어졌다. NASA는 점점 멀어지고 집에서는 내가 수학 선생님이나 기상청 직원이 되기를 바라셨다. 강릉이라는 동쪽 끝 도시에서 큰맘 먹고 자식을 유학 보낸 부모님은 안정적인 직업을 갖길 원하셨다. 하지만 새롭고 낯선 세계에 언제나 호기심이 가득하던 나는 교사나 공무원 체질이 아니라고 확신했다.

그러다가 언론인이 되고 싶다는 생각이 들었다. 매일 다양한 사람들을 만나고 세계 곳곳을 누빌 수 있지 않을까? 대기과학 수업 시간에 토네이도 같은 극한 기상을 연구하는 학자가 되고 싶다고 말했지만, 기자가 되면 그 현장에 같이 있을 수 있지 않을까? 나는 언제나 스케일이 크고 역동적인 일이 맘에 꽂혔다. NASA의 천문학자나 토네이도를 좇는 기상학자가 될 수도 있겠지만 그보다 기자가 되면 더 멋진 세상이 펼쳐질 것 같았다.

생각하는 즉시 행동에 돌입하는 성격상 대학교 4학년 때부터 가리지 않고 언론사 시험을 보기 시작했다. 그리고 합격자 발표가 날 때마다 고배를 마셨다. 남들은 몇 년씩 스터디까지 만들어 준비하는 언론고시를 아무 준비도 없이 열정만으로 도전하다니, 지금 돌이켜 보면 무모하기만 하다. 논술이나 작문, 상식 시험도 모두 공부가 필요하다는 걸 모르던 시절이었다.

게다가 이공계라는 조건이 면접에서 핸디캡으로 작용했다. "이공계인데 글은 잘 쓰나." "대기환경 기사 자격증은 왜 땄나?" "전공이 수학이

랑 대기과학이라고 돼 있는데, 대기과학이 뭐하는 데냐?”

무의미한 면접이 반복될수록 나 자신을 냉정하게 볼 수 있게 됐고 언론사에서 필요로 하는 사람은 내가 아닐 거라는 생각이 들었다. 그들 말대로 나는 글도 잘 쓰지 못하고 처음 보는 낯선 전공에, 이상한 자격증을 가지고 있는 지원자일 수도 있었다.

## ‘과학동아’에서 과학전문기자로 첫발

그러나 시각을 조금만 전환하면 그만큼 이공계 출신 기자가 드물고 만약 합격만 한다면 독창적이고 독보적인 존재가 될 수 있다는 뜻이다. 그러던 중 과학전문기자라는 영역을 알게 됐고 고등학교 때 즐겨 보던 『과학동아』를 발행하는 동아사이언스 공채가 떴다. 광화문 동아일보 사옥에 가서 필기시험과 면접을 치르고 그토록 꿈꾸던 기자로서 첫발을 내딛게 됐다.

『과학동아』는 월간지로, 한 달 단위로 업무 스케줄이 돌아간다. 매월 말에 기획회의를 해서 취재를 하고 기사를 쓰고 디자이너와 편집 작업을 거친 뒤 책이 나온다. 과학자들을 만나 연구 성과를 취재하는 것 못지않게 전문가들에게 원고를 청탁하고 편집하는 과정도 중요했다. 디자인 작업도 노력이 필요했다. 모든 과정에서 많은 사람들과 얘기를 나누려고 노력했다. 협업으로 완성되는 잡지는 나 혼자 잘났다고 잘되는 게 아니었다.

그렇게 과학동아에서 과학계 전반적인 이슈를 취재하던 중 우연히

KBS에서 기상전문기자를 뽑는다는 공고를 봤다. 평소 방송기자를 하겠다는 생각을 한 번도 해 본 적이 없었지만 뭔가 새로운 일에 도전하고 싶다는 의욕이 또다시 불타올랐다.

내 성격이 그렇듯 이번에도 아무 준비가 없었다. 취재 나왔다 돌아가는 길에 무작정 여의도로 향했다. 가까운 미용실에 들어가서 드라이를 하고 면접장으로 들어갔다. 처음 서 보는 카메라 앞에서는 사투리 억양이 쏟아져 나왔고 임원 면접에선 자기 소개서에 장난처럼 쓴 내용 때문에 주목을 받았다. 취미는 '폭주 드라이브', 특기는 '음주가무'라고 적었는데 지금 생각해도 내가 왜 그랬는지 모르겠다. 당연히 질문 공세가 들어왔고 무슨 배짱인지 호기롭게 대답을 이어 갔다.

또 "학점이 낮은데 공부 열심히 한 거 맞냐?"는 질문에 "공부는 강의실에서만 하는 게 아닙니다. 하늘을 보고 바람을 맞으며 살아 있는 날씨를 느꼈고 방송국과 록 밴드 활동을 통해 폭넓은 경험을 했습니다. 새로운 분야에 끝없이 도전하는 것이 저의 장점입니다."라고 답했다.

사람들은 나의 엉뚱함에 웃음을 터뜨렸고 누군가는 기상전문기자보다 예능피디 체질이라고 말하기도 했다. 뜨거운 반응에 뭔가 잘되겠구나 하는 예감이 왔다. 이미 3년 넘게 기자 생활을 하고 있어 별로 떨리지 않았고 합격에 연연하지 않았기 때문에 막말도 할 수 있었는데, 그게 오히려 돋보인 걸까?

# 꿈같았던 NASA 취재, 다음 목표는 화성?

KBS 기상전문기자로 2008년부터 취재를 시작해 벌써 2020년을 맞았다. 과학동아 경력까지 합치면 15년이 넘었고 과학계 선배들은 나를 '할미' 기자 또는 '암모나이트'라고 부른다(그럼 자기들은 삼엽충?). 그만큼 한 분야에서 기자 생활을 오래했다는 뜻이다. 과학과 기상 분야에 몸담는 동안 나로호 발사부터 누리호 시험발사, 천리안2A호 발사 등 굵직한 이슈들을 취재했고 여성 과학인들의 제보를 통해 과학계 '미투'와 식약처 생리대 실험 조작 의혹 등을 연속 보도하기도 했다.

가장 기억에 남는 장면은 두 차례의 미국 NASA 취재였다. 2013년에는 태양 흑점 극대기를 맞아 미국 NASA 본부와 고다드 우주비행센터, 미 해양대기청(NOAA) 우주날씨예보센터, 빅베어 천문대를 섭외했다. 어릴 때부터 꿈꾸던 NASA에 오게 되다니 벅찬 감동에 시차도 잊을 정도로 활활 불타올랐다. NASA의 과학자들과 이야기를 나누며 NASA에서 일하는 게 꿈이었다고 하자 지금이라도 늦지 않았다며 해맑게 격려해 주기도 했다.

두 번째 방문은 2017년이었다. 당시 전 세계적으로 우주 개발 붐이 일었고 미국의 민간 우주기업 '스페이스X'는 로켓 재활용 기술을 완성시켰다. 우연한 계기로 화성 탐사에 나설 거대 발사체(SLS)와 여기에 실릴 '드래건' 우주선을 취재할 수 있게 됐다. NASA 존슨 우주센터와 마샬 우주센터, 케네디 우주센터를 차례로 방문했는데 촬영기자가 없어 캠코더 작동법을 미리 익히고 현장에서 직접 외국인 인터뷰까지 시도했다. 내가 정말 가 보고 싶었던 곳이었기에 그 어떤 노력도 아깝지 않았다.

미국 NASA 취재 현장(2017년)

먼 미래로 생각했던 화성 탐사가 눈앞에 온 것 같았고 만약 실현된다면 내가 가장 먼저 화성에 가서 뉴스를 전하고 싶다는 상상에 빠졌다. 특히 케네디 우주센터에서는 기대하지 않았던 스페이스X의 발사 현장을 보게 됐다. 엄청난 진동을 느끼며 가슴이 마구 뛰었다. 우리나라에서도 나로호 발사가 있을 때마다 전망대에 사람들이 모이듯 그곳에서도 수많은 사람들이 발사를 보기 위해 모여 있었다. 발사 시각이 조금 연기됐다는 발표에도 인내심을 갖고 기다렸고, 마침내 발사가 성공했을 때는 한목소리로 환호성을 내질렀다.

두 차례의 NASA 취재를 통해 내 안에는 거대한 울림이 일었다. 나는 NASA에 있었고 언제나 기억하고 있기 때문이다. 어린 시절부터 꿈꾸던 NASA에 갔던 기억은 지금도 내게 험난한 기자 생활을 버틸 수 있는 힘을 주는 듯하다. 기자로서 내가 지금까지 쌓아 온 경험은 가치를 매길 수 없을 정도로 소중하다.

꿈꾸는 것은 언젠가 이뤄진다는 확신도 생겼다. 비록 NASA의 과학자가 되지는 못했지만 그들과 함께 현장을 누볐고 앞으로 또 다른 기회가 찾아올지도 모른다. 어쩌면 화성? 더 나이 들고 흰머리 가득한 중년이 되어도 언제나 현실보다는 저 멀리 꿈을 바라보며 내 길을 걸어가고 싶다. 아직도 내 심장은 뜨겁게 타오르고 과학기자로서 잊히지 않는 이름을 남기고 싶다.

# 험한 극지 바다에서 파도 타며 살아가기

**양은진** 극지연구소 해양연구본부 본부장

2001년 인하대학교 해양학과에서 박사 학위를 취득하였고, 미국 스크립스 해양
연구소와 한국해양과학기술원에서 박사후 과정을 마치고, 2009년 극지연구소와
인연을 맺게 되었다. 북극해 연구에 대한 열정으로 2016년 과학기술훈장 '웅비
장'을 수상하였다. 현재 극지연구소 해양연구본부 본부장, 과학기술연합대학원
(UST) 교수, 국가과학기술자문회 자문위원, 국제북극과학위원회(IASC) 해양분
과 한국대표로 활동 중이다.

# 하고 싶은 일을 하면서 산다는 것

어린 시절 인천 바닷가에서 살았던 나는 바다생물들을 많이 보았고, 바닷가에 놀러 가는 것을 좋아했다. 어느 날 밤바다에서 보았던 반짝반짝 빛나는 형형색색의 신비로움을 아직도 잊을 수 없다. 그것은 나에게 신세계였고, 마치 바다가 요술을 부리는 듯했다. 그것이 내가 바다라는 직업전선에 뛰어든 가장 큰 이유가 되었고, 지금도 연구하면서 가장 흥미로워하는 작은 바다 생명체인 플랑크톤이라는 것은 추후에 알게 되었다.

나는 고등학교 때 해양학과라는 곳이 있다는 것을 우연히 접하게 되었고, 해양이란 단어에 가슴이 뛰기 시작했다. 해양학이라는 분야는 우리 부모님들에게는 엄청 생소한 분야였다. 중학교 시절부터 나의 꿈은 생물 선생님이 되는 것이었다. 내가 선생님이 되길 바라셨던 평범한 우리 부모님들은 해양학이란 것을 엄청 반대하셨다. 아마 해양학과를 나오면 어부가 되어서 바다에서 평생 살아가야만 할 것 같은 딸의 미래에 대하여 걱정하셨던 것 같다.

그러나 고등학교 담임 선생님의 적극적인 지지로 해양이라는 곳에 발을 디디고 내 인생은 180도 달라지기 시작했다. 가족들 혹은 지인들은 물고기만 보면 혹은 횟집만 가면 내게 물고기 이름을 물어봤고, 내가 해양학을 하면서 가장 많이 들은 이야기는 언제 물고기를 잡아올 수 있냐는 것이었다. 난 먹는 것을 좋아할 뿐이고 나의 관심사는 그 물고기의 먹이인 플랑크톤일 뿐인데….

## 여성 과학자로서, 행복? 불행?

내가 인생에 태어나서 처음으로 탔던 배는 유람선이 아닌, 인천연안에 있는 아주 작은 고기 잡는 배였다. 대학원 진학을 하자마자 선배들과 함께 해양 조사를 나가기 위하여 엄청 들떠 있었다. 마치 내가 진정한 해양인이 되는 듯한 느낌이랄까? 이른 새벽 배를 타기 위하여 부두에 도착한 나는 작은 어선을 보고 깜짝 놀랐다. 그래도 들뜬 마음을 간직하고 바다에서 시료 채집을 하며 바다를 느끼면서 먹는 커피, 음료수, 도시락 등은 꿀맛이었다.

그러나 아차! 배에 화장실이 없는 것을 깨달았을 때는 너무 늦었다. 아무도 나에게 화장실이 없다는 이야기를 해 주지 않았고, 물론 그럴 필요도 남자 선배들은 못 느꼈을 것이다. 부두에 다시 돌아갈 때까지 하얗게 질린 얼굴로 버텼던 내가 너무 신기한다.

그 언저리에 엄청나게 많은 고민을 했던 것으로 기억한다. 어느 누구도 눈치 주는 사람은 없었으나 남자들만의 세계에 처음으로 들어선 여자에 대하여 왠지 불편해하는 것 같은 시선들과 왠지 모를 자격지심에 엄청 힘들었다. 포기하지 않고 잘 버텨 주어서 그 이후로 나는 배를 타는 것이 하나도 두렵지 않았고, 아직도 그때를 생각하면 정신력으로 버틸 수 있다는 게 신기할 뿐이다.

우리 학교 대학원에는 모두 남자 선배들만 있다가 7년 만에 처음으로 여자 대학원 신입생으로 내가 입학했고, 그 이후로 4-5년을 여자 후배한 명 없이 홍일점으로 잘 생활했다. 여자라서 특별난 것은 현장에서 배를 타고, 무거운 연구 짐을 운반할 때 빼고는 없지 싶다. 여자라서 대우를 받은 것도, 불공평한 경험을 당한 적도 없다.

남과 여는 동등하다는 교수님과 선배들의 한결같은 마음으로 서로 독려하며 생활했던 대학원 시절의 교수님과 선후배들은 지금의 나를 만들어 주고 지탱할 수 있는 힘을 준 원동력이 되었다. 그 당시에 내가 여자이기 때문에 배를 타는 현장 출장을 면제해 주고, 힘든 일조차 못 하게 했다면 오늘날의 강인한 내가 되지 못했을 것이고, 네트 하나 내 손으로 끌지 못하는 반쪽자리 해양학자가 되었을 것이다.

박사후 연구원을 마치고 미국에서 돌아온 후 한국해양연구원에서 근무하게 되었다. 그 당시 과학재단으로부터 지원받은 '유망여성과학자' 프로그램은 내 연구의 절정 시기에 나를 더욱 발전시킬 수 있었던 것으로, 처음으로 스스로 주도했던 나 혼자만의 프로젝트였다. 그때 프로포잘을 들여다보면 무슨 꿈이 그렇게도 컸는지 그 당시 내 연구는 작은 플랑크톤으로 지구를 구해야만 하는 사명감이 아주 강했던 것 같다. 지금 생각해 보면 유망 여성 과학자 프로그램은 수많은 여성 과학인들에게 꿈과 희망을 가질 수 있게 큰 도움을 주었고, 여성 과학인들에 지원해 준 나라에 감사한다.

## 내 인생의 터닝 포인트, 더 먼 바다를 향해서

국내에서 해양연구를 수행하는 동안에 우리나라의 동해·서해·남해안을 모두 조사하면서 때론 아름답고, 때론 거친 바다를 다양하게 경험하며 해양생물로 박사 학위를 받았다. 중학교 때 꿈이 생물 선생님이 되는 것이었는데, 해양 생물학자가 된 것이다. 나는 개인적으로 벌레를 엄청 무서워하는데 내가 느끼고 연구하고 있는 바닷속의 작은 생물체들은 신비스럽고 보면 볼수록 궁금해진다. 그 아이들이 전 세계의 기후를 바꿀 수도 있을 만큼 위대하기 때문이다.

해양이란 곳은 지구 기후를 관장하는 데 매우 중요한 역할을 하는 곳이다. 특히 그 안에 살고 있는 눈에 잘 보이지도 않는 플랑크톤은 전 지구의 기후를 오락가락하게 만들 수 있는 위대한 능력을 가지고 있다. 아직도 나의 직업병 중에 하나는 바다를 볼 때마다 아름답고 멋있다라고 느끼고 감탄하기보다는 이 바닷속에서는 도대체 뭐가 살고 있을까 하는 호기심이 먼저 생긴다는 것이다.

1996년은 아직도 나에게 잊을 수 없는 해다. 작은 어선에 의지하면서 파도와 씨름하면서 바다라는 곳을 차츰 이해해 가고 있을 때다. 그 당시에 한국해양연구원에서 근무하시는 선배로부터 내가 전공하고 있는 연구에 대하여 협력연구를 필요로 하셨고, 우리나라에서 가장 큰 연구선인 '온누리'호를 탈 수 있는 행운을 얻었다.

태평양 심해저 탐사를 시작했던 것은 내가 지도에서만 보았던 태평양을 직접 느껴 보고 직접 바닷물을 떠서 조사했던 첫 번째 대형 프로젝트였다. 하지만 여전히 내 머릿속에서는 더 먼 바다, 지구의 70%을 차지하고 있는 다른 바다에서는 어떤 일이 벌이지고 어떤 아이들이 살고 있을까에 대한 호기심으로 더 넓은 바다를 경험하기를 원했다. 또한 국내에서 석·박사 학위를 모두 받은 나는 좀 더 넓은 세상을 경험하고 싶었다.

그래서 박사후 연구원을 해외 대학에서 수행하기 위하여 이 분야에서 유명하신 교수님들과 접촉을 하였고, 하와이대학으로 갈 수 있는 기회를 얻었다. 그러나 사람의 인생은 한 치 앞을 볼 수 없다는 말이 딱 맞는 것 같다. 하와이대학에 계셨던 교수님은 전 세계 해양인의 꿈의 연구소인 미국의 스크립스 연구소로 이직을 하신다며 혹시 나에게 캘리포니아의 스크립스 연구소도 괜찮은지 의사를 물었고, 난 무조건 오케이를 외쳤다. 전 세계 해양인들이 일하고 싶어 하는 해양학의 최고 연구소에서 연구할 수 있는 행운을 다시 한 번 갖게 된 것이다.

아이와 단둘이 있었던 나의 미국 생활은 9 to 6를 지키면서 숨 가쁘게 지나갔고, 다행히 아이는 하루 종일 있어야만 했던 데이케어 센터에서 너무도 잘 지내 주었다. 미국에서 1년 동안 있으면서 세 번의 태평양 탐사를 다녀왔고, 1년 동안 석 달은 배에서 생활했던 것 같다. 세계 최고의 연구기관에서 운용하는 연구선을 타고 수행한 탐사는 신기함 그 자체였고, 많은 것을 배우고 느낄 수 있었다.

그들이 주도하고 운용하는 합리적인 탐사 방식은 예산 때문에 쉼타임이 없어서 항상 힘들게 버텨야 하는 한국의 해양학 연구와 많은 차이를 보였고, 이런 운용 방식 등은 한국에서 연구할 때 꼭 해 보리라 다짐했지만 역시 우리의 벽은 높아서 아직도 난 그들의 운용 시스템을 부러워만 하고 있다.

## ●바다에서 건져 올린 인생의 값진 경험들과 글로벌화로 우뚝 서기

난 전 세계 바다의 일몰과 일출을 모두 경험하였고, 오염 한 점 없는 하늘의 맑은 공기와 밤하늘의 별도 수없이 보고 또 보면서 내가 살고 있는 이 지구의 바다를 지켜야겠다고 생각하며 살고 있다. 바다라는 곳은 험난한 삶의 터전이기도 하지만, 나에게는 안식처와 같은 곳이다.

바다에서 가장 잊을 수 없는 경험은 미국 스크립스 해양연구소에 있을 때, 지구본에서만 보았던 적도를 따라서 동쪽부터 서쪽까지 한 달 동안 탐사를 했던 시기였다. 교과서에서 배운 대로 적도를 따라서 무풍대가 형성되면서 바람 한 점 없는 인생에 잊을 수 없는 맑은 날씨를 경험하며, 잘 들리지도 않는 그들의 언어 속에서 긴장하면서 탐사를 했던 것으로 기억한다. 하루에 한 번 있는 분과별 회의를 통해서 임무들이 주어지고, 해가 뜨기 전인 새벽 5시부터 해양 조사를 시작하고 저녁 5시 이전에 모든 해양 작업은 끝이 난다.

연구 기계와 간단한 현장 실험을 통해서 나올 수 있는 데이터들은 바로 공용 폴더에 업로드시켜서 누구든지 자료를 들여다보고 토의할 수 있는 자리들이 곳곳에서 만들어졌고, 자료에 대한 토론과 학문에 대한 열정을 펼치면서 그날을 마무리하는 일과였다. 탐사가 모두 끝날 때쯤이면 보고서를 작성하면서 탐사 결과를 이미 모두 공유하고, 논문을 어떻게 작성할지에 대한 논의도 모두 끝난 상태가 된다. 난 배에 있는 모든 탐사기기들과 실험기구들이 신기해서 항시 카메라를 들고 다녔고, 그들에게 모델을 요청하면서 그동안 책에서만 보고 배웠던 나의 지식들을 눈과 손을 통하여 느끼며 경험을 쌓아 나갔다.

그 당시에 배에서 네트를 끌고, 실험을 함께했던 몇몇 연구자들이 나중에 세계적으로 유명한 학자라는 사실에 또 한 번 다시 놀라웠다. 특히 여성 연구원들은 무거운 짐들을 번쩍번쩍 들면서 스스로의 힘으로 연구기기와 가스통 등을 운반하는 모습들이 경이로웠다. 또한, 시간만 나면 틈틈이 잡아 올린 갑오징어는 외국 과학자들이 전혀 먹지 않기 때문에 아시아 연구자 몇몇에게만 요리를 만들어서 주신 중국인 주방장님도 잊지 못할 기억이다.

그리고 크리스마스이브 파티에 맛있는 것을 먹기 위하여 신이 나서 실험을 하다 말고 청바지 차림에 파티장으로 달려갔더니 여자 연구원들은 드레스를, 남자 연구원들은 하와이언 셔츠를 한껏 받쳐 입고 파티를 즐기던 그들의 문화도 눈에 선하다. 배에 일하러 타면서 어떻게 드레스를 가져올 생각을 했을까? 난 항상 배에 탈 때면 무조건 청바지 차림인데…. 적도 태평양 해양 탐사는 내 인생에서 잊을 수 없는 진정한 해양인으로서 첫발을 내딛을 수 있는 밑거름이 되었고, 나를 글로벌화로 만들어 준 중요한 계기가 되었다.

한국으로 돌아온 후 박사후 연구 기간 동안 중국 배를 타고 중국 연구자들과 우리나라의 서쪽 바다(황해)를 함께 조사했던 세 번의 탐사를 통해 중국 연구자들의 해양학에 대한 관심과 열정을 파악할 수 있었다. 벌써 20년도 지난 일이지만 그때까지만 해도 우리나라의 해양학이 훨씬 발전했다고 생각해서 뿌듯했는데, 지금 중국 해양학은 자체의 기술로 모든 해양 관련된 연구 장비들을 개발해서 사용하고 있어 우리의 기술이 그만큼 뒤처져 있는 현실이 너무 씁쓸하다.

박사 과정 중에 나를 남극 바다로 인도해 준 남극 해양 조사는 러시아 배를 빌려 타고 수행했던 내 생애 첫 번째 추운 바다인 남극해 탐사였다. 연구소에 있었던 선배들의 제안으로 극지 바다에서 공동연구를 할 수 있는 기회를 얻었다. 그 당시 우리나라는 얼음을 깨면서 남극 바다를 누빌 수 있는 연구선이 없었다. 러시아 연구선은 낡고 열악하였고, 음식조차 입에 맞지 않았다.

하지만 처음으로 경험했던 남극 바다는 그동안 따뜻한 바다 혹은 한국 주변 해역을 연구했던 나에게는 신선한 충격으로 남게 되었고, 이 탐사는 훗날 내가 극지연구소에서 일할 수 있는 중요한 발판을 만들어 주었다. 뭐든 열심히 하면 길이 열린다는 사실을 다시 한 번 체험하게 해 주었던 탐사였다.

## 극지 바다에서 애국자로 살아가기

내가 지금 몸담고 있는 극지 연구소를 많은 사람들이 굉장히 생소해하고, 내 명함을 건네받은 사람들이 나를 다시 한 번 쳐다보는 것이 이제는 제법 익숙하다. 추운 것을 더운 것보다 싫어하는 내가 극지에서 일한다는 사실은 분명 아이러니다. 가끔씩 따뜻한 태평양 탐사가 그리울 때도 있지만 난 내 선택에 만족하고 있다. 박사 과정 중에 극지해양 탐사를 했던 경험 덕택에 나는 극지연구소에서 극지 바다를 지키는 일을 하고 있다.

우리나라의 최초 얼음을 깨는 쇄빙연구선인 '아라온'이 만들어지면서 우리나라의 극지해양 연구가 본격적으로 시작되었다. 나는 극지연구소에 오면서 여름에는 북극을 한 달 정도, 겨울에는 남극을 두 달 정도 매년 아라온과 함께 생활하게 되었고, 그 당시 뭐에 홀려서 그랬는지 극지 바다를 연구하는 것이 너무 재미있었다. 그 대신 나는 우리 가족들과 떨어져 있는 시간이 너무 많아졌고, 아이들한테 늘 아직도 미안한 마음뿐이다.

아라온이 만들진 2009년 이후부터 난 8월이면 어김없이 북극 바다에 있었고, 그것은 나의 연중행사 중 하나가 되었다. 그래서 나는 한국의 여름 더위가 어떤지 잘 감이 오지 않는다. 북극해 탐사는 다른 나라에서도 엄청난 관심을 갖고 있으며, 특히 동시베리아해는 오직 한국의 아라온만이 연구하기 때문에 북극해는 국제공동 협력으로 수행되고 있다.

북극이라는 거친 바다에서 여성 최초로 수석연구원을 맡아서 국내외 약 45명의 연구원들을 책임지고 생활한다. 나의 북극해 탐사에 대한 열

북극 해빙위에서 작업중(2018년 8월)

정과 국제협력을 주도적으로 이끌었던 공적을 인정받아서 2016년 과학 기술 훈장인 '웅비장'을 받게 되었고, 그 이후로 아라온과 극지 바다에 대한 나의 열정은 더욱 깊어졌다. 사실 아라온은 나를 애국자로 만들어 줄 정도로 외국 연구자들은 아라온을 타고 싶어 했고, 북극을 연구하고 싶어 하는 전 세계 과학자들을 모두 품으면서 나는 북극 바다와 함께 위아더 월드가 되어 가고 있다.

극지라는 곳은 어느 독립된 국가에 소속된 곳이 아니다. 그래서 극지 해양 연구는 국제공동 협력을 통해서 이루지는 경우가 대부분이다. 그렇기 때문에 나 스스로를, 우리 연구팀을 글로벌화로 성장시키기 위한 노력도 여기서 빼놓을 수 없는 나의 역할 중 하나이다.

과학기술훈장 웅비장 수상(2016년 12월)

# 오늘도 험한 그곳 극지 바다에서 파도 타며 살아가기

나는 파도타기 선수다. 그러나 서핑을 해 본 적은 없다. 엄밀히 말하면, 내가 파도를 타는 것이 아니라 파도가 휘몰아치는 바다에서 이제는 멀미 대신 즐길 수 있는 방법을 알아차린 것이다. 현재 나한테 주어진 상황을 피할 수 없다면 즐겁게 받아들이면서 사는 것이 인생의 정답이 아닐까 한다.

연구의 규모가 커지고 많아질수록 만나야 하는 사람들이 점차 많아지고 내생각과 남의 생각을 잘 주고받으며 조율해야 하는 일들이 많아진다. 가장 중요한 것은 다른 사람들과 소통하고 협력하는 방법이며, 그 바탕에는 공감 능력이 있을 것이다. 즉, 바람직한 리더는 절대적인 공감 능력과 조율 능력이 있어야 함을 요즘은 절실히 느끼고 있다.

어느 순간 나는 연구소에서 보직자의 위치에 와 있고, 극지에 대한 지대한 관심 덕택에 요즘은 국가에서 수행하고 있는 자문위원회에서 활동하면서 과학 정책이라는 생소한 분야에 열정을 쏟고 있다. 그 덕택에 올해 처음으로 북극해 탐사에 동참하지 못했고, 한국의 여름 더위를 경험할 수 있는 절호의 찬스가 나한테 주어진 것이다.

지난날을 뒤돌아보면 내 인생이 절망적이라고 생각했던 적은 한 번도 없었다. 박사를 졸업하고 오랜 시간 박사후 연구원으로 일할 때도 주변 사람들의 걱정이 컸지만, 나 스스로는 오로지 연구에만 몰두하고, 많은 경험을 할 수 있다는 것이 너무 좋았다. 이 세상을 살면서 주변에 좋은 사람들을 많이 안다는 것, 사람과 사람 사이의 커넥션이 과학에서도 아주 중요한 자산이라는 것을 바다를 통해 알게 되었다. 지난 30년 동안 연구선이라는 작은 폐쇄된 공간에서 만났던 수많은 사람들은 오늘 내가 극지 해양 연구를 수행하는 데 큰 디딤돌이 되어 주고 있다.

오늘도 내가 밤늦게까지 연구실의 불을 밝히는 이유는 내가 처음으로 사랑에 빠졌던 바다에 대한 끊임없는 열정과 극지연구에 대한 자부심 그리고 이러한 나의 작은 노력이 인류를 위해 공헌할 수도 있다는 열정이 있기 때문이다. 비록 내가 하는 이 연구가 나라를 구하거나 의사처럼 생명을 구하는 위대한 일은 아니지만 난 오늘도 극지 바다를 지키며, 가끔씩 북극곰의 안부도 걱정하면서 극지 바다에서 파도타기를 즐기고 있다.

## *Level 2가 Level 1에게*

---

최주연 ㈜더블유랩 선임연구원

부산대학교 유기소재시스템공학과에서 학사 학위를 취득한 후, 학연 과정으로
부산대학교와 재료연구소를 오가며 석사 학위를 취득했다. 재료연구소에서 석사
학위를 한 것이 인연이 되어 현재 2020년 2월에 설립된 연구소기업인 ㈜더블유
랩에서 선임연구원으로 재직 중이며, 여러 시행착오를 겪으면서 세상을 바꾸는
여성 엔지니어로 레벨업하기 위해 열심히 경험치를 쌓고 있다.

# 저 같은 사회 초년생이 집필진에 껴도 됩니까?

5월의 금요일 오후, 휴가를 쓰고 경기도에 있는 친구를 만나러 가는 기차에서 지도 교수님인 김효정 교수님께 전화가 왔다. 스승의 날에 연락을 드리지 않은 나는 3초 정도 얼음이 되었다. 전화를 주신 교수님은 아주 뜻밖의 제안을 하셨다. 매년 출간되는 『세상을 바꾸는 여성 엔지니어』라는 책이 있는데, 여기 에세이를 한 편 써 보지 않겠냐고. 처음 듣는 책이어서 '뭐, 에세이 정도야….'라는 생각으로 약간의 망설임도, 고민도 없이 해 보겠다고 했다. 글쓰기에 소질이 없는 흔하디흔한 공대생 중 한 명인 나에게는 한 번쯤은 해 볼 만한 좋은 경험이 될 것이라고 생각했다.

그 후 서점에 가서 『세상을 바꾸는 여성 엔지니어』 책을 찾아보고는 실제로 입에서 '헉' 소리가 나왔다. 집필진들의 이력만 봤는데 내가 낄 수 있는 데가 아니었다. 이제 직장 생활을 한 지 1년을 조금 넘긴 나와는 다르게 대학교수, 기업의 대표, 부사장, 소장, 책임연구원…. 다들 각자의 분야에서 큰 영향력을 가지고, 오랜 기간 현장에서 다양한 경험을 한 사람들이었다. 정신이 멍해졌다. 이렇게 대단하신 선배님들 사이에서 내가 쓴 글이 과연 다른 사람들에게 도움이 될까, 재미가 있을까라는 생각이 들었다.

책을 들고 서서 지도 교수님께 전화를 드려서 못하겠다고 죄송하단 말을 전해야 할지, 내 주변에 다른 여성 엔지니어는 없는지 한참을 생각했다. 그러다가 문득, 나같이 평범하게 크고, 평범하게 일하고 있는, 사회 초년생 여성 엔지니어도 있다고 알리고 싶었다. 여기 평범한 사람도 있습니다!

## ● 어쩌다 보니 석사까지

나는 정말 평범하게 컸다. 평범한 가정에서 자라, 인문계 고등학교를 갔고, 사회보다는 수학과 과학이 더 재미있어서 이과를 선택했고, 관련 학과를 선택해 대학에 진학했다. 주변에서 흔히 볼 수 있는 대학생처럼 대학 생활을 했다. 학과 공부도 적당히 하고, 남들 다 하는 휴학도 하고, 대외 활동도 적당히 하면서. 그리고 취업이 되지 않아서, 취업을 못 해서 졸업도 2학기를 미뤘다. 졸업을 미뤄도 내 직장은 생기지 않았다.

졸업을 하고도 6개월을 학원에서 보조 강사로 아르바이트를 하면서 보냈다. 그러다 내가 졸업한 학과의 정부과제 관련 행정 계약직으로 일을 시작했다. 하고 싶어서 했다기보다는 부모님과 함께 지내고 있었던 상황이라 부모님의 눈치가 덜 보였고, 학원의 보조 강사보다는 급여가 더 높았다. 이때의 나는 자존감이 바닥이었다. 뭐가 하고 싶은지도 몰랐고, 뭘 하면 재미있게 일을 할 수 있을까에 대한 고민, 취직을 하기 위한 노력도 하기 싫었다. 그러면서도 '다른 사람들은 취직을 잘만 하는데 왜 나는 여기서 이러고 있어야 하나?'라는 신세 한탄만 했다.

그런 하루하루를 보내던 중 김효정 교수님께서 학연 과정으로 창원의 재료연구소에서 석사를 해 보지 않겠냐는 제안을 해 주셨다. 지금에서야 솔직히 말하지만 석사 학위에 대한 큰 생각은 없었다. 그냥 하는 일의 계약이 끝난 뒤에 공백 없이 무언가 좀 더 안정적으로 할 수 있는 일이 생긴다는 것만 생각했다. 그리고 한 달 학생 급여가 부모님 도움을 받지 않고 창원에서 혼자 힘으로 생활할 수 있는 금액이었다. 그래서 석사 진학을 결정을 했다.

학교에 대학원 진학 원서를 내기 전 재료연구소에 지도 박사님께 인사를 드리러 갔다. 사실 지도 박사님과의 첫 만남에 대한 특별한 기억이 없고, 함께 식사를 했던 연구원이 더 기억에 남았다. 재료연구소에 있는 실험실을 소개해 주면서 꼭 여기서 석사를 하지 않아도 되는 입장이라면 더 좋은 곳, 더 좋은 학교로 가라고 제안을 했다. 이미 나는 재료연구소에서 하기로 마음을 먹은 상태여서 다른 곳을 찾을 생각조차도 하기 싫었다. 그만큼 의욕이 없었고, 그냥 '박사님이 나를 받아 주셨으면….' 하는 생각만 했다. 결국 다른 곳 찾아보라는 제안했던 그 연구원은 내 인생의 첫 사수가 되었다.

새로운 환경인 연구소에 와서 석사 학위를 시작하면 내 인생이 잘 풀릴 줄 알았다. 하지만 연구소는 낯선 곳이었고, 학교가 아니었으며, 학위에 대해 진지하게 고민을 하지 않고 간 나에게는 정말 힘든 곳이었다. 일단 나는 실험실 경험이 전혀 없었고, 내가 있던 팀에서는 나와 같은 학생연구원이 없었다. 그래서 뭘 어떻게 해야 할지도 몰랐고, 박사님, 연구원들 사이에서 나는 아는 것도 아무것도 없고 한없이 초라하고 부족한 사람 같았다. 주기적으로 돌아오는 논문 세미나 시간이 나에게는 과장을 조금 보태서 지옥 같았다. 일단 '발표'라는 단어만 들어도 손에 땀이 나고, 소화가 안 되기 시작했다. 자신감이 없던 시절이어서 더 그랬을지도 모른다.

이렇게 한없이 어둡던 나를 밝은 곳으로 꺼내 준 사람들은 같은 팀의 박사님들과 연구원들이었다. 지도 박사님께서는 내가 가진 '발표'에 대한 두려움을 없애 주셨다. 박사님의 당근과 채찍 덕분에 발표에 대한 자신감 넘치는 사람으로 거듭날 수 있었다. (이 부분은 지금 일을 하면서도 큰 도움이 되고 있다.)

내가 학위를 한 곳은 표면기술연구본부 '플라즈마공정연구실'이었다. (석사 2년차에는 '나노표면연구실'로 이름이 바뀌었다.) 내가 있던 팀에서는 크게 선형이온소스를 사용하여 플라즈마로 필름 표면에 구조를 만드는 표면처리와 배선함몰형 유연 전극을 연구하고 있었다. 연구소에 입소한 지 얼마 되지 않았을 때에 석사 연구 주제를 찾기 위해서 연구원들을 따라다니며 두 파트를 기웃거렸다. 나는 배선함몰형 유연 전극 파트가 더 좋았다. 그때의 나에게는 '그나마 나았다'라는 표현이 더 적절한지도 모르겠다.

재료연구소에서 함께한 꾸지람, 격려, 도움, 조언을 주신 박사님, 연구원들과 함께

그렇게 선택한 파트는 학부 때와는 또 다른 분야였고, 할수록 재미있었다. 유연 전극과 관련하여 석사 논문 주제를 정하기 위해 그래핀 환원, 하이드로젤 등 많은 시도를 했고, 내가 선택한 것은 은 나노 와이어와 은 나노 파티클을 사용한 신축성 전극이었다. 지도 교수님, 같은 팀의 박사님들, 연구원들의 꾸지람, 격려, 도움, 조언 등을 받으면서 겨우 무사히 석사 논문을 쓰고 졸업할 수 있었다.

## ● 다른 분야의 젊은 여성 공학인이 이끌어 가는 연구소 기업

석사라는 타이틀을 달고 취업을 도전해도 역시나 어려웠다. 가고 싶었던 대기업의 최종면접에서 불합격 통보를 받고, 연구소 생활을 하면서 열심히 올렸던 나의 자존감은 다시 떨어졌다. 불합격을 메일을 확인하고 받고 펑펑 울었다. 연구소 사무실에서⋯.

그때 울고 있던 나에게 같은 팀의 박사님이 연구소기업을 함께해 보지 않겠냐고 제안하셨다. 지금 ㈜더블유랩의 기술이사인 또 다른 박사님이 같은 팀의 박사 후 과정으로 있었고, 함께 연구소 기업을 시작하게 되었다. 팀에서 하던, 전혀 관련 없이 별개의 파트라고 생각했던 플라즈마와 유연 전극은 '유연 저온 플라즈마 패치'라는 이름으로 지금 내가 일하고 있는 연구소기업의 가장 중요한 핵심 기술이 되었다.

지금 일하고 있는 ㈜더블유랩은 2020년 2월 설립된 신생 연구소기업이다. 내가 있던 팀에서 하던 플라즈마와 유연 전극 기판을 융합한 기술로 저온 대기압 플라즈마를 활용하여 미용기기, 의료기기를 제작을 목표로 하고 있다. 시장은 화장품(Cosmetic)과 의약품(Pharmaceutical)의 합성어인 코스메슈티컬(Cosmeceutical) 시장을 타깃으로 하고 있다.

일을 하면서 바이오 플라즈마, 코스메슈티컬 등 어느 한 분야만이 아닌 두 가지 이상의 분야들이 만나서 새로운 분야가 되는 경우가 많다는 것을 알게 되었다. 화장품, 천연물 추출을 전공한 기술이사님, 플라즈마를 전공한 연구소 기업을 제안한 박사님(우리 회사의 기술고문), 유연 전극을 전공한 내가 만나서 회사를 이끌어 나가고 있다.

함께 일을 하는 기술이사님도 나보다 3살 많은 젊은 여성 엔지니어다. 이사님과 함께 처음 일을 시작할 때 젊은 여자 둘이서 다니면 얼마나 무시를 받을까라는 걱정을 했다. 가끔씩 좋은 뉘앙스가 아닌 '생각보다 젊은 여성분이시네요.'라는 말을 듣고는 한다. 그렇지만 걱정했던 것보다는 아니다. 지레 겁을 먹을 필요는 없었던 것 같다.

『세상을 바꾸는 여성 엔지니어』에 글을 쓰신 선배님들이 현장에서 겪은 여러 고충을 보았다. 내가 겪은 사회생활은 1년을 조금 넘겨 짧긴 하지만, 생각했던 것보다 그렇지 않은 것은 아마도 많은 여성 엔지니어 선배님들께서 고생하면서 만들어 주신 것이라 생각한다. 이 기회를 통해 고생 많으셨다고, 정말 감사드린다는 말을 전하고 싶다.

## 당신이 주연인

'당신이 주연인'. 내 이름이 들어가서이기도 하지만, 내가 정말 좋아하는 말이다.

학사가 끝날 때, 석사가 끝날 때 진로와 취업에 대해 고민을 하면서 스트레스를 엄청 받았었다. 그럴 때는 정말 아무것도 하기 싫었고, 아무 생각도 하기 싫었고, 주변에 있는 모든 것들이 싫었다. 약간의 스트레스와 압박감은 일을 추진하는 데 도움이 된다고는 하지만 내 생각은 조금 다르다. 스트레스와 고민에 쓸 에너지를, 모두가 아닌 일부라도 조금 더 긍정적이고 밝은 곳에 썼으면 좋겠다. 내가 좋아하는 일이나 하고 싶은 일, 취미, 운동 등에. 나는 그게 운동이었다.

석사를 졸업하고 연구소 기업을 준비하면서 심리적 압박감, 스트레스를 많이 받았다. 가장 먼저는 연구소 기업이 세워지기 전까지 내 거취는 어떻게 되고, 가장 중요한 월급을 제때 제대로 받을 수 있을까에 대한 걱정을 했다. 연구소 기업 준비를 위한 일은 생각보다 어려웠고, '기업'처럼 일을 하는 방법을 몰랐다. 일을 하는 시간뿐만 아니라, 퇴근하

취업 준비로 힘들어할 때 마포대교를 지나던 친구가 찍어 보내 준 사진

고 집에 가서도 계속 걱정하고 스트레스를 받았다. 한 달을 넘게 그렇게 지내니 마음도 몸도 피폐해졌다.

그러다 문득 생각이 들었다. '내 인생인데? 내가 나를 챙겨야지. 이러고만 있기에는 내가 너무 아까워.' 그래서 내가 에너지를 돌린 곳은 '운동'이었다. 집에서 제일 가까운 피트니스 센터를 찾아갔고, 등록을 했다. 먹으면서 스트레스를 푸느라 찐 살도 빼고, 체력을 키우고 싶었다. 그리고 마음속에 가득 쌓인 스트레스를 나에게 도움이 되는 긍정적인 에너지로 바꾸고 싶었다.

운동을 처음 시작했을 때는 더 피곤하고 근육통으로 정말 힘들었지만, 꾸준히 할수록 몸도, 마음도, 생각도 건강해짐을 느꼈다. 이전보다 훨씬 활기차고 자신감이 넘치는 생활을 하고 있다. 그래서 나에게 운동은 꼭 필요한, 평생 계속 가지고 갈 습관이 되었다.

진학이나 취업 준비로 고민이 많을 시기에는 무언가를 새로 시작하기가 어렵고 모든 것이 팍팍하게 느껴진다는 걸 안다. 나도 그랬으니까. 하지만 그 일들이 시간이 지나면 아무것도 아닌 일인 경우가 많은데, 그때는 그것을 알지 못한다. 쉽지 않겠지만 거기에 얽혀 있지 말고 조금만 벗어나서 나를 위한 시간을 썼으면 좋겠다. 거창한 것이 아니라 서점에 가거나, 아찔할 정도로 달콤한 마카롱을 먹거나, 좋아하는 거리를 걷는 것처럼 작지만 내가 조금 더 행복하고, 마음이 편안해지는 것들을 찾았으면 좋겠다. 남들 속도에 맞출 필요도, 조급할 필요도 없다. 내 인생이니까! 당신이 주연이니까!

# 내 꿈은 만렙의 세상을 바꾸는 여성 엔지니어

정확히 말하면 나는 세상을 바꾸고 싶은, 세상을 바꾸는 여성 엔지니어가 되기 위해 진행 중인 사람이다. 아직 공부해야 할 것도 많고, 배워야 할 것도 많은.

가장 가까운 꿈은 지금 있는 ㈜더블유랩에서 없어서는 안 될 사람이 되는 것이다. 내가 맡은 분야에서 나를 대체할 수 없는 상황으로 만들고, 나를 이을 후배를 키워 보고 싶다. 그런 다음에는 이 산업에서 영향력 있는 사람이 되고 싶다. 아직은 거창하기만 하고 구체적이지는 않지만, '바이오 플라즈마, 플라즈마 의료기기 산업' 하면 100명 중에 4~5명 정도는 내 이름을 떠올릴 수 있게. 사실 당장 1년 뒤에 내가 어떤 포지션에서 무슨 일을 하고 있을지는 모르지만, 지금보다는 일적으로도, 마음도, 생각도 더 성장한 내가 되어 있었으면 좋겠다.

지금 생각하면 무언가 새로운 것을 찾아야 할 때 정말 감사하게도 주변 사람들의 도움을 많이 받았다. 재료연구소에서 학연 과정을 시작하고, 할 때에도, 지금 하는 일을 할 때에도. 나 역시도 후배들에게 그런 사람이 되고 싶어서 이 글을 쓰게 되었다. 내가 쓴 글이 진로와 취업에 대한 고민이 많은 후배들에게 작게나마 도움이 되었으면 좋겠다.

나처럼 평범한 사람도 하고 싶은 일을 하면서 즐겁게 살고 있다. 앞으로 해 보고 싶은 일도, 도전하고 싶은 일도 많다. 나보다 훨씬 잘하는 후배들이 많겠지만, 나와 비슷하거나 내가 했던 고민을 하는 후배들이 도움을 청하면 언제든지 손 내밀 준비가 되어 있고 도움이 되고 싶다.

# '밍글링(Mingling)',
## 마음껏 섞으면 보이는 것들

한윤정 KOICA 케냐사무소 부소장

연세대학교에서 토목환경공학을 전공으로 학사를 마치고, 환경공학 석사 학위 취득 후 박사 학위를 공부하며 한국국제협력단(KOICA, KOrea International Cooperation Agency)에서 근무 중이다. 환경과 국제기구에 관심이 많은 꿈 많은 소녀로 발걸음을 떼기 시작했고, UNEP 엔젤, 국제기구(UNESCO HQ) 인턴, 국립환경과학원 등 다양한 활동을 바탕으로 재미있는 일, 진정 하고 싶은 일을 찾아 즐겁게 헤매고 있는 중. 지난 2018년부터 아프리카 케냐에 위치한 KOICA 사무소에서 개발협력 프로젝트를 수행하고 있으며, 앞으로 살아갈 인생의 새로운 이정표를 쓰고 있다.

## 공학의 한계는 없고,
## 공학인의 한계는 더더욱 없다

내가 처음 국제협력분야에 공학인으로 발을 들였던 때, 입사 동기 21명 중 여성 공학인 출신은 나 혼자였다. 당시 한국국제협력단(KOICA)의 입시 전형은 이공계와 문과를 따로 뽑는 것이었는데, 이공계 합격자 중 여성 또한 혼자였다. 그래서 모두들 여성 공학인이 국제협력 분야에 왜 관심을 갖게 되었는지, 어쩌다 이곳까지 흘러오게 된 것인지 궁금해했고, 일부는 신기한 시선으로 나를 바라보았다.

언제부터 우리는 특정 학문이 갈 수 있는 직업의 세계에 선을 그어 둔 것일까. 공대라고 하면 흔히 연구소나 개발자 그리고 건설, 전자와 관련된 업계를 생각하기 마련이다. 그러나 의외로 우리 공학인들이 갈 수 있는 길은 이 세계에 무궁무진하다. 특히 내가 발을 담고 있는 이 개발협력 분야에서도 생각보다 다양한 공학인들의 전문성이 필요한 사업들이 많다.

우리가 살아가는 이 세상에서 학문의 경계는 생각보다 빠르게 허물어지고 있다. 서로 대치하고 어울려서 새로운 것을 창조해 내는 '융합'의 시대가 열렸다. 나는 이 글이 지금 공학을 공부하는 그리고 앞으로 공학인으로서 꿈을 꾸는 많은 사람들에게 새로운 시각을 줄 수 있는 조그마한 나침반이 되길 바란다. 우리는 공학을 바탕으로 생각보다 더 넓은 세상을 즐기는 여행자가 될 수 있다.

## 잡식성 공학녀, 문과 기질을 가진 공대생

대학교를 다니는 내내, 친구들을 비롯해 지도 교수님께 이런 말을 자주 들었었다. '너는 정말 문과에 갔어도 괜찮았을 것 같아.' 모든 일에 이성적이기보다는 조금 더 감성적이고, 글을 쓰기 좋아하고 한자리에 앉아 진득하게 연구하기보다는 이곳저곳 뛰어다니며 사람들과 어울리기 좋아하는 방랑자적 성격이 그런 인식을 주었던 게 아닐까 생각해 본다.

나는 화학과 수학을 못하는 공대생이었다. 대학 시절 친구들은 지금도 내가 공학수학을 모두 이수했다는 사실에 놀라움을 감추지 못한다. 무엇보다 환경공학을 전공으로 대학원을 졸업하였을 때, 부모님을 비롯한 친구들까지 네가 공학석사까지 할 줄은 몰랐다며 장난 식으로 놀리곤 했다. 나는 학부 시절 공부보다는 'UNEP Angel[†], 창업동아리, 국제청소년 교류 활동과 같은 외부 활동들을 즐겨 찾아 다녔고, 대학원 재학 시에는 '글로벌 녹색성장 서포터즈', 국제기구 인턴, 생물다양성협약 당사국총회활동에 참여했을 뿐만 아니라 '스피치커뮤니케이션 세미나', '과학, 기술, 혁신과 정책'과 같은 문과 대학원 교양과목을 즐겨 듣기 일쑤였다.

생각해 보면 이런 나의 잡식성 흥미가 공학이라는 학문을 바탕으로 세상을 보다 다채롭게 볼 수 있게 해 주었던 것 같다. 나는 진득하게 앉아서 하는 연구보다는 현장을 누비는 생동감을 느끼고 싶었고, 세계 무대에서 다양한 사람들과 어울려 활동하는 전문가가 되고 싶었다.

---

1   UNEP ANGEL: UNEP 한국위원회에서 추진하고 있는 전국대학생연합

## 생소한 길, 낯선 길
## 그러나 즐거운 모험이 가득한 길

나는 어렸을 적부터 되고 싶은 것이 많았던 소녀였다. 글을 쓰는 작가, 멋진 노래를 부르고 춤을 추는 뮤지컬 배우 그리고 세계에서 거침없이 활동하는 여성 환경전문가. 무엇보다 이 중에서도 가장 꿈꾸었던 것은 국제 무대에서 활동하는 나의 모습이었다. 그렇기에 자연스럽게 대학생에 진학하면서 국제기구에서 일해 보고 싶다는 소망을 갖게 되었고, 국제기구 활동을 위해서는 나의 분야 전문성을 높여야 한다는 생각에 환경공학을 전공으로 대학원까지 큰 고민 없이 진학하게 되었다.

그러나 나의 의지만큼 국제기구 진출의 기회를 갖는 것은 어려웠다. 일단 그 당시만 해도 공대 선후배 중 국제기구에 관심이 있거나, 경험을 가지고 있는 사람이 없었다. 따라서 학교에서 얻을 수 있는 정보는 매우 적었고, 그나마 인터넷으로 찾아도 아주 소수의 정보만 있을 뿐이었다. 그래서 나는 비슷한 꿈을 가진 사람들과 어울리기로 했다.

외교부에서 2013년 진행했던 '제1기 글로벌 녹색성장 서포터즈'활동을 중심으로 정보를 모으기 시작했고, 만나는 사람들마다 나는 국제기구에 가고 싶은데 혹시 아는 것은 없냐며 캐묻고 다니기도 했다. 그러던 어느 날, 예상치 못하게 지도 교수님을 통해 국제기구와 일하고 있는 교수님 소개를 받게 되었고, 그 기회를 바탕으로 UNESCO 환경부서에 이력서를 넣고 서류 심사와 전화 인터뷰를 통해 극적으로 인턴의 기회를 갖게 되었다.[2]

---

2  2015년 국제기구 체험수기 공모전 우수작 「꿈 너머의 '또 다른 멋진 나'를 찾아서」에 자세한 인턴 준비 및 인턴 생활 정보 기록(http://unrecruit.mofa.go.kr/new/overview/contest.jsp)

파리에서의 인턴 생활이 즐겁지만은 않았다. 꿈꾸던 기회이긴 했지만, 처음 해 보는 외국 생활과 국제기구 특유의 자유로운 근무 환경이 낯설었다. 모든 것을 스스로 찾고 개척해야 했다. 그리고 나의 기대에 성과가 못 미치는 날에는 속상한 마음에 숙소에 들어가 이불을 뒤집어쓰고 울었던 날도 하루 이틀이 아니었다. 그럼에도 불구하고 그 3개월이라는 짧은 인턴 기간은 내 삶의 중요한 이정표가 되어 주었다. 나는 그 경험을 통해, 내가 국제 무대에서 즐겁게 일을 할 수 있겠다는 자신감과, 인턴 기간 동안 잠깐 맛보았던 국제개발협력 분야에 새로운 관심을 가지게 되었다.

인턴이 끝나고 석사를 마친 이후, 한국에 돌아가면서 자연스럽게 앞으로 나는 어떤 일을 해야 내가 하고 싶은 일에 가까워질 수 있을지에 대한 고민이 많았다. 그러던 와중에, 한국에 돌아가는 시기와 딱 맞게 국립환경과학원에서 연구원을 모집하고 있었고, 일단 다양한 경험을 해 보면 좋겠다는 생각에 연구원 생활을 시작했다. '대기환경과'와 '환경보건과'에서 연구원 생활을 약 2년 반 정도 했는데, 새로운 경험을 해 보는 것은 좋았지만 나는 역시 한자리에 앉아 진득하게 학문을 탐구하는 성격의 업무가 적성에 맞지 않다는 것을 확실하게 알게 되었다.

2가지의 경험으로 내가 연구직에 맞지 않다는 것, 그리고 국제사회에서 활동하는 것을 즐거워한다는 것을 명확하게 깨닫게 된 후, 내가 해야 할 일은 어쩌면 정해져 있었다. 하고 싶은 것이 확실해지니, 생각보다 모든 것이 깨끗하게 보였다. 나는 국제개발협력 분야에서 일할 수 있는 방법을 찾아보았고, 그중 우리나라에 유일하게 무상원조를 전담하고 있는 공공기관인 KOICA를 알게 되었다. 사실 그 당시 KOICA 봉

사활동을 했다든지 인턴을 했던 경력은 없었는데, 다행히 학생부터 관심을 갖고 꾸준히 해 왔던 많은 외부 활동들이 입사 지원 시 도움이 되어 한 번에 이직에 성공할 수 있었다.

그리고 지금, 개발협력 분야에서 일을 시작한 지 어언 4년, 나는 그동안 꿈꾸었던 일들을 하고 있다. 낯선 아프리카 땅에서 다양한 사람들과 어울리며 수자원, 기후변화, 교육, 젠더, 행정 등 분야를 넘나드는 사업 현장을 발로 뛰고, 새로운 문화를 부딪치며 하루하루 배우고 성장하고 있다.

뒤돌아 생각해 보면, 그동안 참 많은 분야의 다양한 경험을 쉴 새 없이 했던 것 같다. 그중 어떤 것들은 너무도 새로워서 낯설었고, 또 내가 해 왔던 경험과 달라서 불편하기도 했다. 하지만 그런 낯설음과 불편함도 일정 시간이 지나고 나니 내게는 나를 진단하고 내 흥미를 확인하는 시간으로 돌아왔다. 익숙하지 않은 것들은 항상 내게 무언가를 알려 주고 새로운 시각으로 내 인생을 내다보게 한다. 그래서 나는 지금도 내게 익숙하지 않은 무언가를 도전하고 싶다. 또 누가 아는가? 내 앞에 내가 몰랐던 그 어떤 미지의 세계가 기다리고 있을지.

## 새로운 시너지를 창출하다

현재 일하고 있는 KOICA에는 많은 분야와 성격을 아우르는 부서들이 함께하고 있다. 나는 환경공학이라는 전공을 살려, 첫 입사 시 '기후환경팀'에 들어가서 업무를 시작했는데, 실제로 우리나라가 많은 개발

도상국에서 진행하고 있는 수자원, 대기, 토양, 신재생에너지와 같은 환경 관련 사업들을 폭넓게 보고 검토할 수 있는 기회를 갖게 되었다.

환경공학을 전공한 나로서는 이런 환경에 관련된 기술이 접목된 프로젝트들의 이해가 어렵지 않았다. 입사한 지 얼마 되지 않았음에도, 프로젝트 관련 자료들을 읽는 것이 흥미로웠고, 또 나름의 견해를 제시할 수도 있었다. 그래서였는지, 같은 부서에서 일하는 특정 분야 전문 과장님들과도 생각보다 자유롭게 이야기를 할 수 있어서 좋았다.

회사를 다니며 놀라웠던 점은, 상당수의 많은 개발협력사업이 환경뿐만 아니라 도시설계, 교통 등 전문적인 분야 지식이 필요한 사업이 많음에도 불구하고, 그런 사업들을 검토하고 디자인할 수 있는 전문인력 풀이 우리나라에 턱없이 부족하다는 것이었다. 그나마 식수나 위생 분야에서는 국제적인 활동을 하고 계시는 교수님들이 어느 정도 있는 편이지만, 앞으로 우리나라가 해야 할 개발협력 활동에 비하면 아직까지도 많이 부족한 수준이다.

국제개발협력 분야에서 공학인의 전문적인 손길은 필수적인 요소이다. 특히 개발도상국의 경우, 단순히 신기술을 접목하는 문제가 아니라, 그 나라의 문화와 특성에 맞는 '적정기술[3]'을 잘 판단해서 공급해야 한다는 점, 그리고 기술의 지속 가능성을 예측하여 어떤 공학적 방법으로 접근할 것인지 판단해야 한다는 점에서 그 필요성은 더욱 절실하다.

기후환경부서에서 일을 하고 동아프리카실을 거쳐 2018년 케냐사무소로 파견을 오면서, 나는 그 어떤 때보다 현장의 생생함을 몸으로 느낄 수 있었다. 반건조지역인 케냐의 투르카나(Turkana) 지역에는 아직

---

3 적정기술: 기술이 사용되는 국가의 문화, 경제, 사회 및 환경을 고려하여 지속 가능하게 사용될 수 있도록 고려된 기술.

도 안전한 식수 공급이 이루어지지 않아서 땅을 파서 물을 얻는 사람들이 살고 있었고, 멀리 있는 물을 가져오기 위해 하루 종일 맨발로 사막 같은 땅을 걷는 주민들이 있었다.

　이곳에 식수공급시설을 짓고 깨끗한 물을 줄 수 있는 것만으로도, 사람들을 수인성 질병에서 구출하고 삶의 질을 향상시킬 수 있다는 것이 놀라울 따름이다. 식수뿐만이 아니다. 아직도 열악한 환경에서 교육을 받아야 하는 학생들을 위해 학교를 짓고, ICT 교육을 하고 고속도로를 짓고, 교통체계를 설립하는 것 등 개발협력의 모든 분야에 공학이 함께 하고 있는 것은 과언이 아니다.

　만약 우리나라에 공학적 베이스를 바탕으로 국제사회 문제해결에 기여할 수 있는 보다 많은 전문가가 있다면, 나는 분명히 세계에서 한국의 위상이 함께 높아질 수 있으리라 생각한다. 무엇보다 여성 공학인이 국제협력 분야에 진출하는 것이 의미가 깊다고 생각한다.

투르카나 현장 사진

카지아도 현장 사진

작년 여름쯤 식수사업 협의를 위해 케냐 수자원부 담당자와 업무협의를 할 기회가 있었는데, 담당자는 내가 환경공학을 전공한 공학인인 것을 알고는 매우 놀라워하며 '한국은 여성 공학인이 많은 활동을 하고 있군요.'라고 말하며 앞으로 케냐에서도 여성 공학인 배출을 위해 힘써야겠다는 말을 덧붙였다. 낯선 분야에서 여성 공학인으로 활동하며 왠지 모르는 뿌듯함과 동시에, 앞으로 더 많은 활동을 적극적으로 해야겠다고 다짐했던 순간이었다.

## 세상은 넓고, 할 일은 많다

나는 지금도 내가 살아가고 있는 이 시간이 흥미롭다. 미래에 나는 어떤 모습일지, 어떤 일을 하고 있을지 예측이 가지 않는다. 언젠가 내게 새로운 무언가가 온다면, 그 무언가가 나를 다른 세상의 사람으로 바꾸어 놓을지 모르기 때문이다. 대학 입학식 때, 입학처장님이 강당에서 해 주었던 말씀이 어렴풋이 생각난다. 이제 우리는 돛을 펴고 항해를 시작한 것이라는 말.

수많은 인생의 변수들 속에서 내가 할 수 있는 일은 무엇일까? 그건 잠시 세상에 나를 맡기고, 내게 오는 많은 경험들을 담담히 받아들이며 즐겁게 헤쳐 나가는 것 아닐까. 그렇게 하다 보면 우리도 막막한 항해 속에 예상치 못하게 콜럼버스처럼 인생의 신대륙을 발견하는 것은 아닐까.

세상의 수많은 길 중, 지금 우리가 보지 못하는 숨겨진 길들은 얼마나 많을 것이며, 또 생겨날 길들은 얼마나 많을까? 단, 그 길을 찾는 것은 자신의 몫이다. 우리 스스로 삶의 지도를 너무 한정 지어 두지 말자. 나의 넘치는 흥미와 개성, 그리고 세상의 다양한 자원들을 공학이라는 바탕 위에 마음껏 쏟고, 섞어 보자. 새로운 길을 창조할 수 있는 힘, 지금 그 가능성이 당신에게 있다.

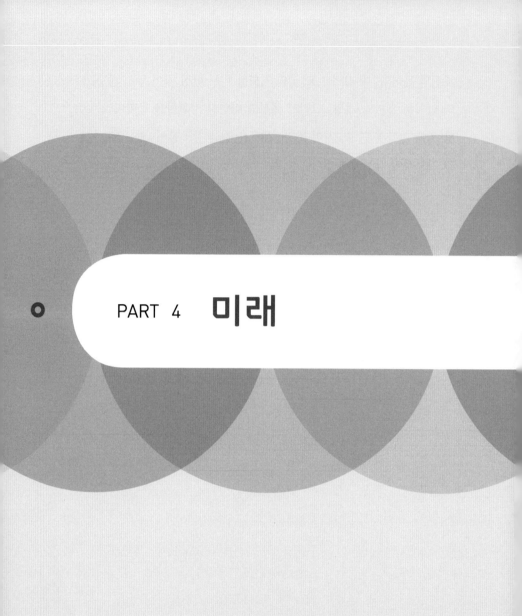

PART 4　미래

: 속력보다는 옳은 방향으로 꾸준히 천천히

# 새로운 시대 뜻밖의 연결,
# 내가 스스로 바꾸는 미래

**송영서** 아주대학교 과학기술정책융합연구소 연구교수

경북대학교 수학과 학사, 컴퓨터공학과 석사, 숙명여대 컴퓨터과학과에서 인공
지능, 패턴인식, 이미지프로세싱으로 박사를 취득한 후, 미국 North Carolina
State University에서 박사 후 연구원으로 근무하였다. 이후 커리어케어, 서울시,
대통령비서실에서 IT 커리어컨설팅과 국가 인재 관련 업무를 수행하였다. 현재
아주대학교 과학기술정책융합연구소 연구교수로 재직하며 과학기술 여성 후배
양성에 많은 관심을 가지고 있다.

## 위기 대응 때 빛을 발하는
과학기술 전문가의 근거 있는 조언

2020년 전 세계를 충격에 빠지게 한 코로나19 대처 과정에서 우리는 각국 정치 리더들의 정책 결정이 얼마나 중요한지 경험하게 되었다. 도시의 봉쇄나 입국 제한 등과 같이 급박하면서도 중요한 판단을 과학기술 전문가의 조언과 과학적 증거에 근거하여 의사결정을 내리는 모습들을 볼 수 있었다. 미국의 '과학·공학·의학아카데미(NASEM)'의 상설위원회'와, 영국의 '긴급 시 과학조언그룹(SAGE)' 설치 등 주요 국가에서 과학과 공학을 정부 정책의 중심에 자리매김하기 위한 '과학적 조언 체제'를 갖추는 모습을 현실적으로 보게 된 것이다.

공무원교육원 팀장 리더십 강의 중

프랑스는 마크롱 대통령이 코로나19 팬데믹과 관련된 대국민 연설 중 '과학에 대한 신뢰'를 강조하였고, 독일에서는 세계적 권위의 전염병 연구소인 로버트 코흐 연구소(RKI) 연구소장과 의과대학의 전문가가 코로나19의 브리핑에 함께 참여하는 것을 보았다. 이 또한 같은 맥락에서 '과학자를 통한 공공의 신뢰 확보 노력'으로 해석될 수 있다.

코로나19 사태는 위기 대응 시 전문가의 조언, 과학적 증거, 사회 기술에 기반한 정책 결정이 매우 중요하다는 점을 일깨워 주었다. 앞으로 우리 사회는 위기 대응뿐만 아니라 모든 정책 결정 과정에서 전문가들의 조언을 받아들여 과학적 증거에 기반한 합리적인 정책을 수립해 나가야 함이 암묵적으로 합의되고 있다. 그 과정에서 과학적 전문가 그룹은 객관적인 증거를 제시하는 독립성과 투명성을 가진 조직으로 사회와의 커뮤니케이션을 감안하면서 조언할 필요가 있으며 정책수립자와의 자연스러운 협업 관계의 형성이 필요해 보인다.

## 예측 가능한 사회에 서 있기

전문가들의 논의를 통해 코로나 이후 사회 환경의 변화가 비중 있게 전망되었다. 그 내용을 살펴보면 비대면·원격 문화의 확산으로 인한 디지털 전환 가속화, 바이오 시장의 새로운 도전과 기회, 자국중심주의 강화에 따른 글로벌 공급망 재편과 산업의 스마트화 가속, 위험 대응의 일상화 및 회복력 중시 사회이다.

이를 토대로 우리나라 과학기술정보통신부가 주요 정책 방향을 제시하여 우리의 R&D 역량과 ICT 인프라 강점을 활용하고, 높은 GVC (Global Value Chain) 의존과 더딘 규제 개선 속도 등의 약점을 보완하여 위기를 기회로 바꾸는 정책을 강화하기로 하였다.

과학기술은 미래 모습을 그리고 준비해 나갈 수 있는 강력한 힘을 가졌고 우리 여성 과학기술인들 또한 그 중심에 서 있다. 디지털 전환과 바이오 경제라는 거대한 변화의 흐름에서 글로벌 선도국가로 도약할 수 있는 기회로 만들어야 한다. 이 가운데 우리 과학기술인, 특히 여성 과학공학기술인들이 가지고 있는 중점 역량을 활용한다면 예측 가능한 미래 시대의 중심으로 자리매김하게 될 것이다.

## 새 시대 일자리 환경, 직업 세계에서도 온앤오프

우리는 이미 링크드인(Linkedin) 같은 구직사이트를 통해 자신의 일자리를 찾거나, 웹이나 모바일을 이용하여 언제 어디서나 업무를 보는 화상회의시스템 환경에서 근무하고 있다. 또한, 데이터사이언티스트나 빅데이터 분석가, AI 개발자 등 새롭게 등장한 직업인들도 어렵지 않게 만나게 되었다. 불과 10년 전의 직업과 일자리 환경과는 달라진 모습이라는 것을 쉽게 느낄 수 있다. 이렇듯 변화하는 일자리 환경과 직업 변화에 대응하기 위해서는 사회 변화의 흐름을 빠르게 읽는 것이 중요해졌다.

미래 일자리 환경 변화 트렌드는 가치와 지식 창출을 위한 휴먼 네트워크 강화와 데이터 기반 인적 관리, 언제 어디서나 일할 수 있는 유연한 업무 환경 등을 들 수 있다. 일자리 환경의 변화로 직업 역시 변화가 예상되는데 과거의 경험을 통해 우리는 기술의 발달이 직업을 사라지게도, 더 많은 직업을 탄생시키기도 했음을 알 수 있다. 현재 선두 기술로 언급되는 빅데이터, 인공지능은 그동안 사람만이 할 수 있다고 여겨졌던 지적 영역마저 기계로 대체되어 예측 불가능한 큰 변화를 가져올 수 있다는 우려 섞인 전망도 있다.

실제로 英 옥스퍼드 마틴스쿨 일자리 프로그램 총괄인 칼 베네딕트 프레이(Frey) 박사는 현재 직업 중 47%가 자동화로 인한 대체 위험이 있다고 분석한 바 있다. 그러나 기술 진보로 인한 업무의 대체가 반드시 직업 자체의 소멸을 의미하는 것은 아니다. 글로벌컨설팅사 맥킨지의 분석에 의하며 기존의 5% 미만의 직업만이 현재의 기술을 활용한 전체 자동화가 가능하다고 분석하였다.[4]

AI가 새로운 비즈니스를 탄생시키고 서비스되고 있는 예는 어렵지 않게 찾아볼 수 있는데 일(운전자)과 사람(탑승자)을 연결해 주는 우버(Uber), 리프트(Lyft), 디디(Didi), 프리랜서를 이용한 경제활동인 Upwork, Home Depot, GL Group 등도 이미 경제 규모를 확산시키고 있으며 급성장할 것으로 전망되고 있다.

글로벌 다국적 컨설팅업체 PwC는 향후 일자리 전망에서 "20년 뒤 오히려 20만 개 늘어난다."는 의견을 내기도 했다.[5] 이렇듯 AI가 일자리

---

4  Mckinsey four fundamentals of workspace automation.

5  2017년부터 2037년 사이에 로봇과 인공지능으로 인해 약 700만 개의 일자리가 사라질 것으로 예측했지만 생산 비용이 감소하고 지출이 늘면서 결과적으로 720만 개의 일자리가 새롭게 생길 것으로 전망. 즉, 인공지능과 로봇 덕에 결과적으로 20만 개 일자리가 늘어나리란 전망이다. (美 과학지 뉴사이언티스트)

를 없앤다는 두려움보다는 더 나은 방향으로 온앤오프 시대에의 공생을 고민하는 것이 이 시대를 사는 현명함이 될 것이다.


## ●블랜딩 – 직업에서도 연결 융합

이 시대 새로운 현상인 융합은 직업세계에서도 '블랜딩(blending)'으로 일어나고 있다. 각기 다른 직무나 지식, 또는 기술과 기능을 합쳐 새로운 전문 분야가 창출되고 여러 직업 간 결합으로 융합형 새로운 직업이 탄생되고 있다. 작게는 각자의 소질과 관심의 결합에서부터 크게는 첨단기술 또는 지식 간, 그리고 과학기술과 타 영역 간 연결 과정까지 확장되기도 한다. 바로 연결이 새로운 직업을 만드는 창직(Job creation)의 요인이 되는 모습이다.

도시 사람들이 신선하고 건강한 음식을 공급받기 위해 농장에 직접 생산 주문하는 트렌드는 chef와 결합하여 요리사 농부(agri-restauranteurs 또는 chef-farmers)를 탄생시켰다. 기술 관련 제품의 설명서나 소프트웨어 도움말 기능을 만들며 잡지에 기술에 대한 설명을 기고하는 테크니컬 라이터(technical writer)는 기술 지식과 글쓰기 소질의 결합을 요하는 새로운 직업이 되었다.

창직 = 무한한 미래 환경 + C (과학기술)
"창직의 상수는 과학기술 기반이다. 우리 여성 과학기술인은 그 중심에 있다."

디지털기기의 사용자 경험설계를 위한 'UX designer'는 인간의 심리와 행동 이해를 위한 심리적 지식, 가상·증강현실 등 스마트기술, 디자인의 융합 지식을 결합했고, '홀로그램(hologram) 전시기획자'는 홀로그램 기술을 이해하면서 인문학적 소양을 바탕으로 전시 기획 능력을 함께 갖춘 인재이다.

앞으로 관심 있게 볼 직업 중 '첨단 과학기술윤리 학자'는 기계와 인간이 함께 일하는 환경에서 새롭게 발생할 수 있는 윤리 문제나 언어 문제에 대응하기 위해, '가상 현실 레크리에이션 설계자'는 기존 레크리에이션 관련 직업이 세분화되어 가상현실기술을 활용한 여가 프로그램 관리자로 재탄생될 것으로 기대된다.[6]


## ⬤ 디지털 아테네[7]

다양한 삶을 사는 멀티 페르소나! 바쁜 일상 속 내 모습(ON), '사회적 나'와 거리 둔 내 모습(OFF)

일자리는 이미 '평생 직장'에서 '평생 직업'으로 변화하면서 개인의 직업관이 조직 중심에서 개인 중심으로 변화되고 있다. 이 변화 안에서 미래의 인재는 우수한 지식과 기술을 갖추어 기업과 국가의 경제를 넘

---

6 미래 전략 보고서: 10년 후 대한민국 미래 일자리의 길을 찾다. (과학기술정보통신부)
7 에릭 브린욜프슨이 주장한 개념. 고대 아테네 시민들이 여유로운 삶 속에서 예술, 민주주의 등을 꽃피울 수 있었던 것은 노예들이 힘든 노동과 생산을 담당했기 때문이다. 이제 기계와 AI에게 고대 노예의 역할을 맡기고 그 여유를 인간이 누려야 한다는 주장.

나드는 경력을 쌓을 것이다. 서로 만날 필요 없이 각자의 공간에서 일하는 형태로 이미 업무 시간과 장소의 경계가 모호해지고 있으며 이를 더 가속화하는 심리스 컴퓨팅 업무 환경도 이미 널리 제공되고 있다.

ICT 기술을 중심으로 빠르게 진행되고 있는 디지털 기술의 스마트화는 이렇듯 인간과 기계, 현실 세계와 가상 세계의 경계를 무너뜨리며 현재의 일자리를 새롭게 정의하고 있다. 기술의 지능화로 인한 바람직한 미래 사회 모습을 일자리 측면에서 살펴보면 인간적 특징이 강한 직업이 증가할 것이다. 단순·반복적 업무의 대부분을 인공지능·로봇 등 스마트 기술이 대체하고 인간적 특성이 강하여 자동화가 어려운 직무가 증가하여 미래 직업 환경에서의 스마트 기술은 비로소 인간의 소중함을 깨닫게 해 줄 것이라는 의미가 된다.

시간적으로 보다 여유 있는 사회가 될 것이다. 기술 혁신은 현재와 동일한 생산성을 달성하는 과정에서 인간의 참여 비중을 줄여 나가 소득이 많고 적음에 상관없이 노동 시간은 줄어들고 여유 시간은 대폭 늘어나 로봇과 함께 일하는 업무가 일반화되기 때문이다. 앞으로 우리는 일을 통해서 어떻게 하면 소득을 많이 올릴 것인가에 대한 고민보다는 일에서 벗어나 자유로움과 시간적 풍요로움을 어떻게 즐길 것인지 행복한 고민을 해야 할지도 모른다.

종합해 보면 우리가 그리는 디지털 아테네는 기계와 사람의 공생일 수 있다. 기계가 인간이 했던 단순하고 반복적인 일을 처리하는 대신, 사람들은 개성 있고 인간미 넘치는 업무에 집중하면서 풍요롭고 자유로운 삶을 꿈꿀 수 있기 때문이다. 다만, 진정한 디지털 아테네 시대를 만들기 위해서는 미래에 창출되는 새로운 기회에 인간이 함께 참여하고,

높은 생산성으로 창출되는 부의 분배가 합리적으로 이루어질 수 있는 방안을 찾아야 한다. 이를 위해서는 우선 기술 진보의 방향, 그리고 관련 정책들에 대한 사회적 고민이 필요할 것이다.

# 리더를 꿈꾸라

윤연정 H.PIO 글로벌마케팅 본부 전무 | DenpsShanghai 법인장

중앙대학교 위생제약학과에서 학위를 취득한 후, DSM에서 1999년부터 2019년 까지 약 20년간 근무한 후 H.PIO로 이직하여 근무하고 있다. 2019년 Aalto EMBA를 시작해서 2020년 8월 경영학 석사 학위를 취득했다. 글로벌기업에서 한국 시장을 담당했던 경험과 리더십을 가지고 국내 기업에서 글로벌 시장에 도전하며 여성 리더로서 배우고 나누는 삶을 추구하고 있다.

## 주현미 선배처럼
## 다른 일 하고 싶으신 거세요?

엄마의 꿈이 내가 약대에 가서 결혼을 하고 자녀를 양육하면서도 일을 할 수 있는 것이어서, 부모님 말씀에 순종 잘하는 장녀로서 약사가 되는 것이 나의 꿈이라고 나 스스로 세뇌하며 살았다. 엄마의 꿈대로 약학대학에 입학을 했지만 사실 내가 좋아하고 관심이 있는 학문은 아니었다.

지금 생각해 보면 그때 약국을 운영하던 선배님들 이외에 다른 영역의 선배님들을 많이 알고 조언을 받았더라면 내가 배우는 학문의 가치를 더 잘 이해하고 약사고시를 치르기 위한 공부가 아니라, 내가 앞으로 하고 싶은 일의 바닥을 깊고 넓게 만드는 작업으로 이해했었을 텐데 하는 후회가 남는 시기이다.

4학년이 되고 졸업 후를 생각하면서 약국에서 근무하는 내 모습이 그려지지 않던 나는 정말 무엇을 하고 싶고, 무엇을 잘하는 사람인가를 고민하게 되었다. 학창 시절을 돌아보면 초등학교 때부터 고등학교 때까지 임원을 한 해도 빠지지 않고 했을 뿐 아니라 전교회장 선거 때마다 모든 반을 돌며 유세를 하던 기억에서, 과학 경진 대회에서 발표를 할 때면 심사위원이시던 선생님들께서 넌 커서 정치인이 되도 될 만큼 말을 잘하는구나 하셨던 일들을 생각하면서 조금 더 내가 해 보고 싶은 일에 도전해 보고 싶었다.

그래서 4학년 1학기 중간고사 기간 중 스튜디어스를 준비하던 친구에게 귀띔으로 듣고 준비해서 병리학 시험공부를 포기하고 스튜디어스 면접을 보러 갔었다. 막연하게 전 세계를 돌며 많이 보고 싶고 경험하고 싶었기에 흰색 블라우스에 검정색 치마를 입고 도서관을 나와 면접을 보러 가던 그 모습이 아직도 기억이 난다. 면접관이 서류를 보면서 "주현미 선배처럼 약사가 아닌 다른 일이 하고 싶은 건가요?"라고 물으셨고 나는 당차게 대답했으나 낙방을 하고 말았다.

약사고시를 보고 졸업을 하고 약국에서 직장 생활을 시작하고 싶지 않아서 취업 공고를 확인해 보았지만 IMF로 인해서 제약회사의 취업의 길은 거의 불가능했다. 하지만 한번 약국에 취업을 하면 다른 길로의 전환이 어려울 것 같은 마음에 취업을 하지 않고 모집 공고를 기다리던 나에게 4학년 전임교수님이 뜻밖의 연락을 주셨다. 후배의 무역회사에 자리가 있는데 꼭 약사여야 한다고 하는데 내 생각이 나셨다는 그 전화로 나의 삶은 약사로서는 의외의 길을 시작하게 되었다.


## 롤 모델


Roche Vitamins Korea에서 Technical sales assistant의 일은 나에게 너무 흥미로웠다. 1999년에만 해도 기술 영업을 담당하는 여자 직원들이 많지 않던 때였는데 제약회사, 식품회사, 화장품회사에 원료를 제안하고 제품을 개발하는 데 있어서 기술 문제를 본사의 도움을 받아 해결해 나가는 일이 너무 재미있었다. 동기들과는 너무 다른 비타민 원료와 뉴트리션 원료들을 다루다 보니 선후배 동기들을 만날 때마다 내가 주류에 있지 않다는 소외감이 들기도 하고, 식품에 대한 이해가 없는 데다

식품 전공자가 아닌 탓에 인맥도 없어서 어려움도 있었지만 제안한 원료가 채택되어 신제품으로 나오는 것을 보는 그 기쁨이 너무나 컸다.

어떻게 하면 고객사에서 우리 회사의 원료를 채택하게 할 수 있을까 고민하면서 원료의 차별화 포인트를 공부하고, 프레젠테이션을 잘하려고 노력하고, 본사와 더 잘 소통하고 싶어서 영어 공부를 하면서 조금씩 성장해 갔다. 그때 조직 내에서 상사가 바뀌었는데, 식품전공자이시면서 생산, 품질관리, 전략 및 기획, 다국적 회사에서 영업까지 경험하신 A부터 Z까지 다 정통하신 분이셨다. 그분을 통해서 일을 배우게 되었던 것이 나에게는 쉽지 않기도 했지만 한편으로 그분에게 인정받기 위해 노력하면서 성장하는 계기가 되었다.

직장 생활에서 누구를 만나는가가 얼마나 중요한지 알게 되었고, 그때 내가 나보다 앞서 워킹맘의 길을 가고 있던 여성 리더분을 멘토로 모실 수 있었다면, 가까이에서 롤 모델로 삼을 수 있는 상사분을 알고 조언을 받을 수 있었더라면 지금 더 성숙한 리더가 되어 있지 않았을까 아쉬움이 남는다. 그래서 지금 조직에서 우리 팀이 아니더라도 특별히 여직원들에게 조언하고 응원하고 더 큰 꿈을 꾸라고 이야기하며 누구든 나를 찾는 직원에게 시간과 노력을 아끼지 않으려고 한다.

지금 여러분에게 이런 고민을 나눌 분이 없으세요? 회사에서든 다른 모임에서는 이런 롤 모델을 찾으시고 적극적으로 조언을 요청하시기를 적극 추천하고 싶다.

## 나는 무엇을 위해서 일하는가?

DSM이 2003년 Roche Fine Chemical 사업을 M&A하면서 DSM 직원이 되었고, 그 사이 나는 결혼을 하고 두 아이를 출산하면서도 시부모님과 친정 부모님의 도움으로 계속 직장 생활을 할 수 있었다. 나 또한 둘째 아이를 출산 후 회사를 그만두어야 하는가를 심각하게 고민했었지만 일이 주는 기쁨과 보람, 가족들의 응원과 사랑이 나를 오늘까지 있게 했다.

일에서도 인정받고 싶고, 가정생활도 잘 해내고 싶었던 욕심으로 참 많이도 힘들었던 시간들이었다. 감기 몸살을 달고 살면서도 조퇴하지 않으려고 안간힘을 쓰고, 고객사 발표가 있으면 연습에 연습을 해서 완벽하게 하려고 노력하던 그 시간들이 지금의 나의 한 조각이 되어 있음을 안다. 아이를 양육하면서 직장 생활을 하는 직원들을 보면 그들의 아픔과 고뇌를 알기에 위로해 주며 그 직원들의 10년 뒤 너무 멋진 여성 리더로 서 있을 모습을 생각하고는 엄마 미소가 지어지곤 한다.

회사가 급격한 성장으로 여러 회사들을 M&A 하면서 업무량은 계속 과중되고, 조직 내에서의 공정하지 못한 일들을 보면서 '나는 무엇을 위해서 일하는 건가?' 하는 질문이 나에게 들어왔다. 돈을 벌기 위해서? 이 돈으로 아이들을 더 풍요롭게 양육할 수 있어서? 이런 목적이라면 내가 이렇게 열심히 일을 해야 하는가 하는 생각을 하던 중, 상사와의 이견이 커지는 사건을 맞이하면서 처음으로 사직서를 쓰게 되었다.

다음을 생각하지 않은 채 14년의 직장 생활에 마침표를 찍어야겠다고 생각했다. 다국적사이지만 원료 사업으로 한국의 작은 조직에서 늘 챗

바퀴를 돌고 있는, 일의 보람은 있었지만 캐리어의 목표가 없던 나에게 어찌 보면 당연한 결과였던 것 같다.

크리스천인 나는 이 일을 통해서 하나님께 나를 향한 계획이 무엇이며 내가 왜 이렇게 열심히 일을 해야 하는지 알려 달라고 기도를 시작했다. 사직서를 제출하고 난 3일 뒤 상사이셨던 전무님께서 나를 부르셔서 그동안 내가 어떻게 일해 왔는지 아신다고, 본사에 나를 본인의 후임이라고 늘 이야기해 왔다며, 한 번도 나에게 표현하지 않으셨던 전무님을 그날 처음으로 이해하게 되고 맘을 돌이키게 되었다.

## ●마태복음 5장 16절

전무님의 진심을 대한 이후 인정받으려고 애쓰던 맘에서 전무님의 리더로서의 고뇌를 알게 되고 존경하게 되는 시간을 보내던 몇 달 후인 2013년 10월 22일, 감기 증세가 있다며 휴가를 내신 지 3일 만에 패혈증으로 돌아가시게 된 전무님의 마지막 모습을 병원에서 대해야 했던 나는 너무 큰 충격 속에 잠기게 되었다.

ASIA Pacific 본사의 사장님이 한국에 와서 장례식장을 지키면서 나를 후임으로 이야기했던 전무님의 뜻을 내가 이어받을 수 있는지 물으셨다. 51세라는 너무나 젊고 뛰어난 업적을 인정받으셨던 전무님이 계셨기에 내가 이 조직의 리더가 된다고는 단 한 번도 생각해 본 적이 없었고, 리더라는 꿈을 꾸어 본 적도 없었던 나였다. 한국 영업과 마케팅의 총책임을 져야 하기엔 나는 너무 준비가 되어 있지 않았고 부족했다.

본사에는 나의 이런 맘을 전하고 전무님의 빈자리를 메꾸려고 애쓰던 나의 모습이 본사에서는 "Out of the comfort zone" 하지 않고 그냥 안주하고자 하는 모습으로 생각되는 것이 안타까웠던 나의 회사 내 멘토가 나를 이끌어 주고 지원하며 도전하게 해 주었다.

40일 새벽예배를 하며 하나님의 뜻을 기도하던 중 "이같이 너희 빛이 사람 앞에 비취게 하여 그들로 너희 착한 행실을 보고 하늘에 계신 너희 아버지께 영광을 돌리게 하라"(마태복음 5장 16절)는 말씀을 찾게 되면서 크리스천 여성 리더라는 꿈을 가지며 2014년 4월 리더로서의 첫걸음을 떼게 되었다.

DSM APAC Sales Conference에서 인사이트를 나누는 순서를 맡아서 발표하고 있는 모습

## Bright People Manager

준비되지 못한 리더였지만 전무님의 빈자리를 메꾸느라 6개월 동안 밤낮없이 주말도 없이 배우고 열정을 다했던 그 모습을 통해서 직원들과 고객사들, 본사의 모든 동료들이 나를 돕고 응원해 주었다. 하지만 한국에서 영업의 수장이 여자라는 것, 크리스천이어서 술을 마시지 않는다는 것, 골프 영업을 하지 않는다는 것은 사실 총과 칼 없이 전쟁에 나가는 것과 같다고 비유해도 될까 싶다.

어떻게 하면 술과 골프가 아닌 나다움으로 조직을 성장시킬 수 있을까에 대해서 나는 고객사들이 성장할 수 있도록 더 많이 공부하고, 마켓 인사이트를 공유하고 글로벌 트렌드와 컨설팅을 접목하고자 노력했다. 직원들에게도 진정성과 솔선수범하는 리더가 되고 선한 영향력을 끼치는 리더가 되기 위해 매일 기도하며, 부족한 리더의 길을 가면서 힘들어 지쳐 주저앉아야 했던 일들도 왜 없었겠는가.

대학교를 갓 졸업하고, 대학원을 졸업하고 계약직 직원들로 입사했다가 성장해서 정직원이 되는 기쁨, 직접 뽑아서 가르치고 코칭을 통해 성장시킨 직원이 아시아 본사로 승진해 가는 것을 보는 기쁨, 매년 성장을 통해 아시아에서 the best performance 팀으로 인정받게 되는 보람, 힘들고 외로운 리더의 여정에 이 모든 것을 덮는 큰 기쁨과 감사가 있었다.

2017년 12월 DSM이 처음으로 Bright People Manager Award를 만들고 전 세계 직원들이 추천한 리더 중에서 각 대륙별로 1명씩 상을 주겠다는 공지가 왔다. 그냥 무심결에 흘려보내고 2018년 1월 싱가포르 아시아 본사에 APAC Sales conference를 참석하고 한국으로 돌아오기 위해 공항에 있는데, 내가 수백 명의 추천 대상자 중 ASIA 대륙의 Bright People Manager로 뽑혀서 2월 Spain의 미팅으로 상을 받으러 오라는 메일을 받게 되었다.

창이 공항에서 이 메일을 보면서 너무 놀라 직원들에게 이 소식을 알리자 직원들 모두 함께 기뻐 울며, 나에게 직원들이 나를 추천하기 위해서 만들었던 프레젠테이션과 그것으로 혹시 부족할까 봐 만들어 본사에 보냈던 비디오를 보내왔다. 그날 나는 공항에서 소리 내어 울며 나에게 이렇게 좋은 직원들을 주신 하나님께 감사하며 이 상을 받기에 너무 부족한 리더였기에 앞으로 이런 리더가 되겠노라며 다짐을 했다.

2018년 DSM 글로벌에서 수여받은 Bright People Manager Award 상패
2018년 DSM이 처음으로 직원들의 추천을 통해서 대륙당 1명을 뽑아서
수상하기 시작한 상이다.

# 새로운 도전의 여정 가운데

2019년 DSM HNH의 리더 6년차를 맞이하며 나 스스로가 익숙해지고 안주하게 되는 것을 느끼게 되었다. 계속해서 배움의 갈증 가운데 고민했지만 가족들에게 미안해서 시작하지 못했던 MBA를 회사의 권유와 후원으로 시작하면서 다시 열정이 샘솟기 시작했다.

그러던 중 한 회사에서만 20년을 넘게 근무하며 리더가 된 나는 이제 어떤 도전을 해야 하는가 고민하며 기도하던 중 함께 일했던 고객사로부터 글로벌마케팅의 자리를 제안받게 되었다. 다국적사에서 한국 시장만을 맡아 왔던 나에게 글로벌 시장을 맡는다는 것은, 원료 사업만을 했던 나에게 완제품 사업을 한다는 것은 큰 도전이었다. 하지만 도전하지 않으면 결국 나는 퇴보하는 것이 아닐까?

내가 너무 사랑했던 팀에게 최고의 때에 박수를 받으며 떠나고 싶었고, 그 팀에게 이제 내가 가진 모든 것을 공유했기에 더 좋은 리더를 통해 더 성장하는 기회를 주고 싶었다. 도전 이후 쉽지 않았던 시간들 가운데 MBA를 마치고 중국 법인장이라는 새로운 도전 과제를 맡아 한 걸음씩 나아가고 있다. 마지막으로 나의 이 열정적인 삶을 가르쳐 준 나의 평생 멘토인 엄마께 이 감사함을 전하고 싶다.

*Mom and daughter*
*I resemble my mom a lot*
*My mom shows me how to believe in God*
*My mom teaches how to love*
*My mom demonstrates how to work with the passion*

# 네 멋대로 해라

**이미정** 국민대학교 신소재공학부 교수

서울대학교 재료공학부에서 학사(2003) 및 석사 학위(2005)를 취득한 후 전자부품 연구원(KETI) 디스플레이 연구센터에서 연구원으로 재직하였다. 2006년 출산 6주 후 영국으로 출국하여 케임브리지 대학교 물리학과에서 박사 과정을 시작하는 무식하고 용감한 결정을 내렸다. 외국인 싱글맘 학생으로 우여곡절 끝에 학위를 마치고 포닥을 거쳐 2011년 국민대학교 신소재공학부에 부임하였다. 유기반도체 소재와 소자 관련 연구 및 전자옷감을 활용하여 웨어러블 소자를 개발하는 연구를 진행하고 있다.

# 네 멋대로 해라

얼마 전 남편이 나에게 어릴 적 꿈이 엔지니어 말고 뭐냐고 물어봤을 때 잠시 멍해졌다. 어릴 적부터 하얀 가운을 입고 연구실에 있는 모습이 막연히 미래의 나라고 생각하고 그렇게 흘러왔다고 생각했었다.

하지만 아이들의 꿈이 한 가지로 정해져 있을 리는 없고, 인공지능을 연구하겠다는 꿈을 이룬 남편도 한때는 탐험가를 꿈꾸기도 하고, 음악가를 꿈꾸기도 하고, 수의사가 되어야겠다고 마음먹기도 하였으며, 심리학에 빠진 적도 있다고 하였을 때, 나는 과연 엔지니어 외길만 보고 살아왔는가 되돌아보게 되었다. 사람은 참 교묘한 합리화를 기억에 적용하여 현재의 내 모습에 맞추어 과거를 돌아보고 있는 것은 아닐까 의문을 가지게 되었다.

며칠을 머릿속에 맴돌던 질문이 우연히 주말 티브이 채널을 돌리던 중 발견한 〈네 멋대로 해라〉라는 영화 장면을 보며 중·고등학교 시절 영화감독이 꿈이었던 내 모습이 기억났다. 영화계의 전설적 거장인 장 뤽 고다르 감독의 1967년 작품으로 내가 태어나기도 한참 전에 만들어진 이 영화를 중학생이었던 나는 굳이 비디오 가게의 구석에서 찾아내 빌려 보았고, 영화사, 영화비평 책들을 용돈을 아껴 사서 모으며 밑줄을 그어 가며 읽었는데…. 그 이후의 어떤 선택들과 상황들이 우연과 필연이 겹쳐 나를 지금의 위치에 데려다 놓았고 나는 마치 이게 나의 숙명인 듯 나를 속이며 살고 있는 듯하다.

어쩌면 다른 평행우주에는 영화감독 이미정이, 프랑스문학 비평가 이미정이 있을지도 모른다. 미묘한 선택 혹은 용감 무식한 결단이 필요한 순간에 앞뒤 너무 재지 않고 내 마음이 끌리는 방향으로, 내 멋대로 살아온 것이 지금에 이르게 한 것 같다. 하지만 영화에, 문학에 빠져 있던 내 모습이 현재의 '나'를 만들어 내는 재료가 되어 조금은 남들과 다른 맛을 내는 엔지니어로 살고 있다고 믿는다. 현재 이 글을 읽고 있을 누군가도 엔지니어뿐만 아니라 다른 나의 열망이나 꿈이 있다고 너무 고민하지 않기를 바라고 본인의 선택들이 이끌 미지의 세계를 설렘으로 맞아들이기 바란다.

또 한 가지는 인생의 중요한 시점들이 분명히 있지만 그 시점들이 인생 전체를 결정하지는 않는다는 것이다. 목적지를 정해 놓고 그 방향으로만 평탄하게 흘러가는 인생은 없을 것이다. 나 역시 공대 재학 시절 중 이 길이 내 길이 아닌가 싶어 다른 전공도 기웃거려 보았고, 학위 과정을 계속할 의지가 없어져 자격증 학원도 가 봤고, 유학을 가려던 계획이 뜻하지 않은 외부 요인에 의해 좌절되어 이게 내 운명인가 싶기도 하였다.

최선이 어렵다면 반대로 내가 정말 하고 싶지 않은 최악을 피하는 것도 선택이고, 후회 혹은 비가역성을 최소화할 수 있는 방향으로 선택하는 것도 방법이다. 내가 무엇을 원하는지 확신이 들지 않아 고민하고 헤매고 있다면, 그 역시 괜찮다고 이야기해 주고 싶다. 부딪혀 튕겨 나가기도 하고 돌아가기도 하며 어딘가로 다다르게 될 것이다.

돌아보면 딱히 특별할 것도 없는 커리어를 지닌 사람으로, 지난 10년간 공대에서 학생들을 만나 오며 학생들이 궁금해하는 질문들을 바탕으로 Q&A 형식으로 글을 풀어 보려 한다.

## Q1. 대학원에 진학해도 될까요?

2011년, 30대 초반에 국민대학교에 부임했을 때, 학과의 여학생 비율은 이미 35%를 넘어가고 있었으나 공대 여교수의 비율은 이에 한참 미치지 못하였으며 여학생들에게도 여자 교수님은 다소 신기한 존재였다(나도 학부 시절 여자 교수님을 본 적이 없는 것은 마찬가지이다). 학생들을 상담할 때 누구나 전공과 진로에 대한 고민이 있지만, 대학원 진학에 대한 고민에 있어서는 남학생과 여학생이 다소 다른 양상을 보였다. 전공에 흥미도 있고 능력도 충분한데, 여학생은 유독 대학원을 진학하는 것에 대한 본인의 심리적 부담, 부모님이나 주변의 만류 등의 요소가 더 큰 고민을 만들어 내는 듯하였다.

놀랍지도 않을 것이, 내가 대학원에 진학하겠다고 했을 때 공부 너무 많이 하지 말고 대기업에 취직하라고 했던 부모님, 만삭의 몸으로 안정적인 연구소 정규직을 관두고 미래가 불투명한 박사 과정에 진학한다고 했을 때 세상을 모른다며 말려 대던 친지들이 있었다.

이런 주변의 참견들이 나의 청개구리 심보를 더 자극했는지, 이런저런 이유들로 내 선택의 합리화를 하고는 했지만, 결국 내가 내린 결정은 내 마음이 끌리는 대로였던 것 같다. 꼭 진로가 아니더라도 옷 한 벌을 살 때도, 휴가지를 정할 때도, 사람은 자기 마음 끌리는 대로의 선택을 하게 되는 것 같다. 마찬가지로 내가 학생들에게 해 주던 조언도 이미 본인 마음속에 답은 정해져 있다는 것이었다.

정보를 얻고 주변의 의견을 듣는 것도 중요하지만 결국 부모님도 친구도 선배도 내 인생을 책임져 줄 수 없고, 10년 혹은 20년 후에 나의 결정에 대해 누군가를 탓할 수도 없는 노릇이다. 냉정히 따져 보면 나외의 주변 사람들은 그저 '우리 XX가 OO대학 다녀.' 혹은 '이번에 ㅁㅁ에 취직했잖아.'라는 한마디 과시가 하고 싶을 뿐이다. 주변의 기대에 부응하려는, 착하고 훌륭한 딸, 언니, 친구, 선배가 되고 싶은 마음은 과감히 저 멀리 밀어 놓고, 본인 스스로의 마음이 어디로 끌리는 가를 잘 살펴보았으면 한다.

최근에는 여학생들도 주변적 요소보다는 대학원 자체가 본인의 커리어에 주는 장점을 궁금해하고 진학을 고민하는 것이 추세인 듯하다. 앞에서 이야기했듯이 엔지니어의 직무는 다양하니 꼭 대학원을 가야만 훌륭한 엔지니어가 되는 것은 아니다. 하지만 분야에 따라 차이가 있겠지만, 하루가 다르게 발전하는 최근 공학의 특성상 학부 과정의 교육으로만 전문성을 쌓기 어려운 것이 사실이다.

또한 대학원에서 특정 분야에 대한 전문성과 지식을 쌓는 것뿐만 아니라 연구가 진행되는 방법을 이해하고 새로운 분야에 대해 어떻게 스스로 공부할 수 있는가를 배우는 것도 매우 중요한 단계이다. 아무래도 한국의 교육은 대학 교육도 가이드라인을 따라 공부하고 성과를 내는 형태이다 보니 정답이 없는 문제, 교과서가 없는 공부를 경험해 볼 수 있는 곳이 대학원인 듯하다. 아무리 성적이 좋은 똑똑한 학부생이라도 실험실에서 직접 연구와 실험을 해 본 대학원생과는 문제에 접근하고 해결하는 방법을 찾는 데에는 확연한 차이가 보인다.

혹시라도 대학원 진학을 염두에 두고 있다면 학부 시절 3, 4학년부터 연구실에서 직접 프로젝트를 진행할 기회를 가져 볼 것을 강력히 추천한다. 교수님이나 선배가 하는 백 마디 말보다 직접 해 보는 경험이 본인에게 가장 확실한 답을 줄 수 있을 것이다.

## Q2. 여성 엔지니어로 커리어에
## 물리적·체력적 문제가 있을까요?

공과대학에 남학생과 남자 교수들의 비율이 압도적인 것은 사실이지만 이것이 신체적 조건이나 체력적 조건 때문은 아니다. 남자와 여자의 신체 조건에 차이가 있고 공대의 대다수가 남성이므로 물리적 조건이 필요한 듯 느껴지는 것도 당연하다. 하지만 실제 많은 공대의 실험실에서는 덩치가 커다란 남학생도 컴퓨터 앞에서 키보드를 두드리며 시뮬레이션을 하거나 미세한 시편을 측정하기 위해 숨을 멈추고 발소리도 죽여 가며 연구한다.

엔지니어의 역할과 연구 분야는 매우 다양하고, 무거운 물건을 옮기거나 신체적 조건 등이 요구되는 경우는 극히 드물다. 연구실은 헬스장이 아니고 우리가 접하는 훌륭한 엔지니어들은 소위 말하는 근육질 몸짱의 모습과 다르다. 엔지니어가 아닌 일반적 직무에서 요구되는 체력 정도면 누구든지 엔지니어가 될 수 있다. 가녀린 스튜어디스들이 몸에 죄는 유니폼을 입고도 승객들의 무거운 화물을 번쩍 들어 올리는 것을 보면 여성의 타고난 체력적 조건이 엔지니어가 되기에 불리한 점이라고 볼 수도 없다.

만약 실험실에서의 어떤 작업이 여성에게 너무 위험하거나 체력적으로 힘든 일이라면 99.9%의 경우로 남자에게도 위험하고 힘든 일이며,

이런 작업은 누가 수행하게 되든 적절한 안전조치와 전문적인 혹은 기계적인 도움이 필요한 일일 것이다. 이러한 문제는 시스템과 제도의 개선으로 해결할 문제이지, 여성에게 진입 장벽을 높일 문제가 아니다. 남성이든 여성이든 안전하게 일할 권리가 있음은 두말할 필요도 없다.

## Q3. 연구 분야는 어떻게 선택하나요?

석사 과정에서 진행한 연구는 회사와 공동연구로 디스플레이 재료의 성능을 향상시키는 일이었다. 일상생활에서 사용되는 전자기기 관련 연구를 한다는 사실은 흥미로웠지만, 실제 진행되는 실험과 연구 결과를 분석하는 일은 생각했던 것처럼 신나고 다이내믹한 과정은 아니었다. 연구자의 가장 중요한 덕목이 끈기와 꼼꼼함이라는 것을 깨닫는 과정이기도 했다. 여학생이 꼼꼼하고 차분할 것이라고들 하지만 나는 덜렁대고 산만하고 빈틈투성이인 사람이었고, 당연히 결과는 실수와 실패의 연속이었다.

하지만 석사 과정 이후에 연구소에 취직한 이후에는 다소 무식하게 성큼성큼 일을 진행시키고 앞뒤 크게 재지 않고 새로운 것들을 시도해보는 성향 덕분에 '전자종이'라는 새로운 분야에 도전해 볼 수 있었다. 이러한 과정에서 우연히 접하게 된 유기 반도체 소재 연구도 이전에 관련 경험이나 지식 없이 무작정 박사 과정에 도전하게 되었다.

한 분야에서 전문성을 가지고 끈기 있게 오랜 기간 연구하시는 훌륭한 분들도 있고 이러한 내공과 깊이는 엄청난 것이다. 하지만 새로운 것이 나타났을 때 큰 부담을 가지지 않고, 달려들어 공부하고 연구해 볼 수 있는 용기는 이런 무모함의 경험에서 나온 것 같다. 외계어처럼 느껴지는 특정 분야의 전문용어나 그 분야에서는 너무나도 일반적으로 알려진 사실을 모르고 터무니없는 실수도 하며, 무작정 여기저기 찾아 다니며 물어보는 과정들을 거치며 어려움이 없지 않다. 하지만 새로운 것을 배우게 된다는 점은 가슴 떨리는 경험이고, 일종의 특권이라 여기면 unknown에 대한 두려움도 사라지게 된다.

국민대학교에 부임한 이후 패션디자인 교수님과 융합 연구를 통해 실로 짜는 전자소자, 전자옷감을 만들고 이런 소자로 옷까지 만들어 패션 쇼케이스까지 진행하는 과정에는 겸허히 내 무지를 인정하고 배우려는 자세, 새로운 분야에 대한 심리적 장벽을 낮추는 경험들이 주요한 역할을 한 듯하다. 앞으로 또 어떤 곳에 내 관심이 꽂혀 전혀 생각지도 못한 곳으로 흘러가게 될지 모르지만, 한 번도 가 보지 않은 곳이라도 또 성큼 한 발 내딛을 것이라 예상해 본다.


## Q4. 커리어와 가정을 양립하기 어렵지 않을까요?

안타깝게도 아직도 한국에서는 이런 질문은 여성의 몫이다. 아무도 남성에게 직장 다니며 가정생활 하시느라 고생한다라든가, 아이들이 아빠가 필요한 시기인데 회사 일이 바빠서 어쩌냐는 이야기를 하지 않는다. 비슷한 나이의 자녀를 가진 동년배의 남자 교수님에게는 절대 나오지 않을 질문과 코멘트가 나에게는 당연히 오는 것도 그만큼 사회가 여성에게 가정의 책임을 더 전가하고 있다는 것을 반증하는 슬프고도 갑갑한 현실이다.

딸만 셋인 집의 둘째 딸이라 그런지 자라나면서 남자와 여자의 역할에 대해 고민한 적은 거의 없었고, 대학교 입학 후에 여자가 왜 공대에 왔느냐는 질문을 들었을 때도 왜 그런 질문을 하는지 이상하게 느껴질 뿐이었다. 아마 요즘은 덜할 것이라 생각되지만 '왜 여자가?'라는 질문은 선택지에 대한 장벽을 하나 더 얹는 듯하다.

아마도 위에서도 말했듯이 특히나 남성의 비율이 높은 공학 분야에 여성이 소수자로 경험하는 어려움이나 장벽에 대한 우려가 엔지니어를 커리어로 정하려는 여학생들에게 이런 걱정을 하게 하는 듯하다. 하지만 놀랍게도 엔지니어 커리어를 가진 여성들을 보면 타 분야에서보다 결혼이나 출산 이후에 커리어를 유지하는 확률이 높고 앞으로 더 높아질 것이라고 생각된다.

엔지니어 직무는 개인의 실력과 능력이 다른 분야에 비해 명확하게 드러나고 본인이 가지고 있는 전문성과 기술성만 확실하다면 여성이라는 이유로 커리어를 유지하기 어려운 경우는 없다.

아무래도 남성의 비율이 높다지만 엔지니어라는 직무를 수행하는 사람들의 특성상 집단 내의 정치적 이유나 친밀도보다 일의 직무나 수치적인 결과에 따라 이성적으로 동료를 대우하고 일하는 곳이 엔지니어 분야인 듯하다. 다른 연구자의 연구가 흥미롭고 도움이 될 것 같으면 성별을 떠나 같이 일하자고 먼저 손을 내밀고 좋은 결과를 같이 만들어내는 많은 경우를 보면, 젠더이퀄리티에서 오히려 타 분야보다 앞서 있는 듯하다.

여전히 출산 및 육아 등으로 커리어가 단절되는 경우는 여성의 비율이 압도적으로 높고, 이는 딱히 엔지니어 분야의 문제가 아니라 가정을 지원하는 국가, 사회의 제도로 해결해야 할 부분일 것이다. 여성뿐만 아니라 남성 육아휴직 제도의 활성화, 유연 근무 및 재택근무 등 많은 제도가 도입되고 있고 실행되고 있어 향후 많은 개선이 이루어지길 바란다.

# 특별할 것 없어도 괜찮더라

**한자령** 한국가스공사 선임연구원

2014년 경북대학교 화학공학과 학사, 2014년 UNIST 화학공학과 석사 학위 취득 후 같은 해 한국가스공사 연구원으로 입사하였다. 천연가스 합성연료 중 하나인 DME(Dimethyl Ether)와 GTL(Gas to Liquid) 관련 연구 업무를 시작으로 공사의 대표 신사업 분야인 수소 제조 공정 및 반응기 관련 연구 업무를 거쳐 현재는 수소 사업 기획 업무를 담당하고 있다. 2017년부터는 서울대학교 화학생물공학부 에너지공정공학연구실에서 박사 과정을 병행하고 있다.

## 당연히, 괜찮다

"저는 지방대생이라… 대학원을 진학해도 괜찮을까요?" 화공학회에서 마련한 여성 과학인 멘토링 부스에 방문해 뱉은 말이었다. '지방대생'이란 콤플렉스에 괜히 대학원에서 시간만 낭비하는 것은 아닌지, 좋은 대학교 출신들도 넘쳐나는데 과연 내가 학위 취득 후에 할 수 있는 일은 있을지 걱정되었다. 진지하고 심각했다. 그런데 돌아온 답은 민망할 만큼 놀란 눈으로 손사래를 치며 "당연히 뭐든 할 수 있지, 도대체 그게 무슨 말이냐?"는 것이었다. 그런 뒤 지방대를 나와 누구나 부러워할 만한 곳에 소속되어 계신 분들의 사례를 줄줄이 읊어 주셨다.

물론 여러 사람들을 경험하면서 소위 '좋은 대학'일수록 성실하고 똑똑한 학생의 비율이 높다는 것을 느낄 때가 많다. 그렇지만 스스로의 한계를 규정지을 필요는 없다. 감히 조심스럽지만 진짜 살다 보면 어느 노래처럼 '생각한 대로, 말하는 대로' 되는 것들이 있다.

## 현재만 할 수 있는 것을 하자,
### 복잡하게 생각 말고

영광이라며 흔쾌히 수락한 원고 작성을 앞두고 그 전에 집필된 내용들을 보면서 '큰일났다'고 생각했다. 막상 글을 쓰려고 보니 나는 뛰어난 재능도, 남다른 열정도, 극적인 스토리도 없는 것이다. 내가 지나온 것을 요약하자면 '지금, 그냥'이다.

사실 학과에 대한 고민을 할 수조차 없었다. 아는 게 없었으니까. 그냥 성적과 집안 형편을 고려해 대학에 진학했다. 대학생이 되니 술을 먹고 친구들과 놀고, 매일이 즐겁고 바빴다. 그러다 보니 '대학생'인 이 순간이 아쉬운 것이다. 그래서 더 찾아보기로 했다. 지금만 할 수 있는 것들을.

그렇게 생각하고 나니 대학생이란 타이틀을 가져야만 해 볼 수 있는 것들이 정말 너무 많다는 것을 어렵지 않게 알 수 있었다. 그래서 나의 대학 생활의 모토를 '다양한 경험'으로 삼고 이것저것 기회가 될 때마다 참여해 보곤 했다. 석사 과정에 진학하고 나서는 넉넉한 장학금에, 번쩍번쩍한 연구 시설에, 다른 것 고민할 것 없이 '연구'가 그 순간의 모토가 되었다. 그러다 보니 자연스레 자소서를 가득 채울 소소한 이야기들과 실적들이 쌓였다.

그래서 모든 것이 순탄했느냐? 그렇지만은 않다. 크고 작은 문제들은 항상 산재하기 마련이다. 그중에서도 가장 큰 문제는 걱정을 사서도 하는 본성이었고 사실 이 문제는 아직도 현재 진행형이다. 불안한 마음은 엄습하거나 심지어는 잠식하기도 한다. 그래도 꾹 참고 '그냥' 하는 게 제일 좋은 해결법인 듯하다. 공부가 잘 안 되도 '그냥' 또 하고, 오늘의 성과가 다소 실망스러워도 내일 '그냥' 또 하는 것이다. 습관처럼.

## ●미친 짓: 노력하지 않으면서 결과를 기대하는 것

아인슈타인은 미친 짓(Insanity)을 'doing the same thing over and over

again and expecting different results'라 정의했다. 직역하자면 '똑같은 일을 반복하면서 다른 결과를 기대하는 것'이지만 결국 망상과 꿈의 차이를 노력으로 본 것이라 생각한다. 아무것도 하지 않은 오늘을 통해 더나은 내일을 바라는 것은 좋게 말하면 요행을 바라는 것이고 나쁘게 말하면 도둑놈 심보가 아닐까?

사실 나는 회사에서 원했던 분야와는 다소 동떨어진 것을 주제로 석사 학위를 받아 입사했다. 물론 첫째는 운이 좋았다. 둘째는 공사에서 연구하고 있는 내용들에 내 연구를 접목시켜 발전시킬 수 있는 부분들이 있는지 면밀히 살펴보았기 때문이라고 생각한다.

처음에는 공사에서 공고한 세부 분야를 공부해 보고자 두꺼운 책 4권을 거금 들여 샀지만 제한된 시간 내 얕게 공부한 것을 아는 척하는 건 무리라고 판단했다. 더 쉽고 효과적인 방법을 찾고 싶었다. 그래서 공고된 분야가 아니라 내가 잘하는 것을 중심으로 초점을 바꾸었다. 과연 입사 후 내 강점을 어떻게 활용할 것인지, 내가 연구한 것들로 나는 조직에서 무엇을 할 수 있을지 고민하면서 면접을 준비했고 어필했다.

그런데 솔직히 노력이 만능은 아닌 것 같다. 노력만으로는 해결할수 없는 것들도 많이 만나게 된다. 그래서 어떤 문제를 마주하면 우선은 내가 할 수 없는 부분과 내가 할 수 있는 부분을 잘 나누어야 한다. 그런 뒤 전자는 까맣게 잊어버리고 후자에 대해서만 에너지를 쏟아야한다.

예를 들어 면접관이 누구에게 점수를 주든 그것은 내가 바꿀 수 없는 선택권자의 마음이다. 여기서 내가 할 수 있는 것은 나와 회사가 서로어떤 것을 원하는지 충분히 고민한 뒤, 그 접점에 대한 내 답과 고민의

흔적을 잘 드러내는 것이다. 그러면 노력한 경험과 그를 통해 습득한 무엇인가는 사라지지 않고 나에게 남는다.

## ●속력 〈 방향

세부 전공이 다소 달라도 나 또한 긍정적인 역할이 있을 것이란 희망을 품은 나에게 선배 연구원은 "XX, 애를 어디다 써?"라는 욕 섞인 말로 첫인사를 건넸다. 배우고 공부할 것이 많았다. 정해진 업무를 하면서 새로운 것을 배우는 데는 대학원과는 또 다른 노력과 더 끈기 있는 시간이 필요했다.

어떤 때는 아무리 해도 뜻대로 잘 되지 않아서 분하고 억울하기까지 했지만, 공부는 연구원이란 직무의 숙명이라 생각하고 속력보다는 옳은 방향성을 목표로 여전히, 차근히 나아가고 있다. 결론적으로 조직에 융합되고 협력하기 위해서는 역설적이게도 차별된 스스로의 역할이 있어야 하고, 나아가 책임감을 바탕으로 여러 능력을 발전시켜야 한다는 것이 내가 정한 방향이다.

요즘 들어서는 역량뿐만 아니라 더불어 마음을 살펴보는 것도 몹시 중요하다고 생각한다. 조직에서 발생하는 여성과 나이에 대한 차별과 희롱은 지루한 일상이지만 주로 의도적인 것보다는 무지에서 비롯된 것이라 할 수 있다. 상대의 입장에서 생각해 보면 그때 그 시절에는 여성과 일할 기회가 드물었고 여자나 어린 상사를 모셔 보지도 않았을 테니 말이다. 그 사람은 그럴 마음이 아니었다.

그런데 이때 또 하나 중요한 것은 나의 마음이다. 이런 대상은 저런 뚜렷한 문제 상황 외에 과도한 업무와 같은 일상적인 것이 될 수도 있다. 적응이라는 미명하에 상대와 상황을 이해하고자 노력하면서 정작 나의 감정은 쉽게 간과하고 보호하지 못했다. 에너지가 소진되기만 한다면 고갈되어 바닥을 드러내기 마련인데. 사실 이 부분이 지금 내가 마주한 숙제이자 서 있는 곳이다.

## ● 최상위 욕구 단계는 결국 '자기 초월'이다

2013년 참석한 명사 초청특강에서 강연자였던 현택환 교수님께서는 어떻게 하면 우수한 연구를 할 수 있는지 본인의 비법을 아낌없이 알려 주셨다. 세계적인 석학이신 교수님의 강연을 듣는 것이 매우 영광스럽고 설레었지만 내 가슴 깊숙하게 박힌 것은 비법들이 아니라 강연 마지막에 덧붙인 말씀이었다. 여기 서서 강연을 전달하는 이유가 "우수한 연구 성과와 능력은 신께서 주신 선물(gift)이라고 생각하며, 감사한 마음으로 가진 그 능력을 나누고 싶어서"라는. 살면서 들어 본 것 중에 가장 멋진 모토였다.

인간의 욕구에도 단계가 있다고 한다. 최하위 생리적 욕구부터 시작해 여러 단계의 상위 욕구로 구성되는데, 전 단계의 하위 욕구가 충족되면 다음의 상위 욕구로 발전한다는 심리학적 이론이다. 이때 가장 최상위 단계로 꼽히는 것이 자기 초월 욕구로, 타인과 사회에 도움이 되고자 하는 이타적인 욕구라고 한다. 결국 나눔에 대한 욕구가 가장 고등하고 완전한 추친력(driving force)이 될 수 있지 않을까?

우리 집 강아지가 너무 예뻐 보여서, 월급이 올라서, 새해가 되어서 등등. 소소한 이유들로 배달 음식값 정도의 소액을 기부하기 시작했는데 도움이 되는 의미 있는 사람이 된 듯한 느낌이 들 때가 있다. 더 능력 있는 사람이 되고 싶게 한다. 이 글을 통해 가장 하고 싶은 말은 바로 '나눔'에 대한 각자의 소명을 고민해 달라는 것이다.

# 꿈이라고 생각했던 길,
## 어느덧 내가 그 길을 가고 있었다

**한정민** 한국가스공사 가스연구원 | 수석연구원

한양대학교 자원공학과를 졸업한 후 한국가스공사에서 연구원으로 직장생활을 시작하였다. 가스공사의 가스연구원에서 안전성평가 연구를 시작으로 하여, 자원개발 국책연구의 수행책임자로 다수의 국제공동연구를 수행하였으며 현재는 수소기술연구소에서 CCS를 연구하고 있다. 2019년 여성공학기술인대상을 수상하였으며 국제가스연맹(IGU) 전문위원 및 과학기술정보통신부 정책발굴 자문위원 등으로도 활동 중이다.

# 퀴리 부인을 꿈꾸던 소녀, 석유공학을 전공하다

돌이켜 보면, 중학교 일 학년 겨울방학에 과학 선생님이 추천해 주신 과학캠프에 참여한 것이 과학자의 꿈을 키우게 된 계기였던 것 같다. 중학생 시절부터 장래희망으로 막연히 과학자를 꿈꾸었고 실험실의 퀴리 부인이 나의 롤모델이었다.

아들이 없던 우리 집은 딸만 셋이다. 장녀였던 나는 대학 진학을 고민하던 때에 아버지의 권유로 아무것도 모르는 채 자원공학과에 입학했다. 아버지는 딸이 당신의 사업을 물려받기를 원하셨다. 그렇게 진학한 공대에서 나는 무척 외로웠다. 정원 40명 중 여학생은 혼자였다. 과 동기 남학생들과는 넘을 수 없는 벽이 있었던 것 같다. 비슷한 처지의 공대 여학생들과 진한 우정을 쌓았다.

자원공학과는 다른 학과에 비해 개설되어 있는 학교가 그리 많지 않다. 학과에서 배우는 전공들도 외국의 경우 각 전공이 하나의 학부가 될 정도로 매우 다양하다. 예를 들면 석유개발 분야, 물리탐사 분야, 암반역학 분야, 자원처리 분야 등등이 하나의 단과대학으로 존재할 만큼 넓은 학문 분야이다.

그중 석유공학 분야에 절대적인 관심을 갖게 되었는데, 그 이유는 졸업반 시기에 학교에 오신 지도교수님 덕이었다. 교수님의 수업 덕분에 우리나라에는 없는 석유라는 천연자원을 개발하는 이 분야에 흥미가 생겼다. 대학원에 진학해서 석유공학을 열심히 공부하기 시작했다.

석유공학을 배우기 전까지 나는 석유라는 지하자원이 땅속의 거대 수

영장 같은 공간에 가득 차 있는 형태로 존재한다고 대충 생각하고 있었다. 하지만 학부 첫 시간에 교수님께 배운 것은 사실 지하 심부에는 거대한 암반이 있고 이 암반의 미세한 공극 사이사이에 물, 석유, 가스가 차 있는 형태로 존재한다는 것이었다. 당시의 내게는 머리를 한 대 얻어맞은 것만큼이나 큰 충격이었다.

지도교수님은 당시 미국에서 공부한 후 미국 에너지부(DOE)에서 연구하다 부임하신 분으로서 당시 석유공학이란 우리 학부생들에게는 최신 학문이었다. 게다가 강의는 어떻게나 이해가 잘되게 하시던지 석유공학의 인기는 하늘을 찔렀다. 자연스럽게 석유가스 분야를 전공으로 선택하여 대학원에 진학하게 되었다.

교수님은 내게 실험을 해 볼 것을 권유하셨다. 아직 국내에 석유공학 쪽에서 실험으로 논문을 쓴 선배가 없었기 때문에 아무도 가지 않은 길을 가는 것이었다. 실험 장비를 구입할 연구비도 충분치 않았기 때문에 상용 실험 장비의 원리를 파악해서 설계도를 작성하고 그 당시 국내의 모든 기계와 부속이 모여 있다는 청계천 상가를 돌며 부품을 구입해서 실험 장비를 만들었다. 그뿐만 아니라 만든 장비가 정확한지 시험하고 검증한 후에 실제 실험을 해야 해서 그야말로 소위 노가다 작업이라고 부를 수 있는 실험연구였다.

게다가 실험은 저류층 암석의 물성을 측정하는 작업이라 직경 1.5인치, 길이 10~30㎝인 원통형 모양의 암석시료를 고무 슬리브 안에 얌전히 장착하고 고압을 걸어 지반의 압력과 유사한 상태로 만든 후, 물과 오일을 교대로 주입하여 시간마다 암석의 포화도와 유체의 배출 속도를 측정하는 실험이었다.

충분히 연구비가 있었더라면 인풋과 아웃풋을 자동으로 측정 기록해 주는 장비를 쓸 수 있었을 테지만 온전히 수동으로 하느라 실험실에서 하루 이상 밤을 새워 가며 실험을 해서 논문을 완성했다. 연구실의 선배나 동기들은 주로 컴퓨터 시뮬레이션으로 논문을 썼기 때문에 그들이 부럽기도 했지만 회사 생활을 해 보니 기계를 만지며 실험을 했던 것이 큰 장점이었다는 생각이 든다.

## 다시 가슴이 뛰는 일을 하게 되다

대학원을 마치고 한국가스공사에 입사하게 되었다. 1994년 아현동 도시가스폭발사고를 계기로 우리 회사는 안전의 중요성을 뼈저리게 되새기며 안전 관리를 회사 제일의 가치로 설정하게 되었다. 가스연구원에서도 안전연구실을 신설하게 되었고, 연구원으로 입사하여 안전성평가 연구를 시작하게 되었다. 때맞추어 가스공사에 안전관리 기본 개념이 도입되었고 정량적 안전성평가 연구를 진행하게 되었다.

평택생산기지, 인천생산기지 그리고 전국에 뻗어 나간 가스배관망과 함께 위치했던 공급관리소를 직접 방문하며 안전성평가 연구를 수행했다. P&ID와 운전절차서를 분석하며 설비를 운영하는 분들과 브레인스토밍을 통해 위험 요인을 찾아가고 시스템을 분석하여 안전도를 평가하는 일이었다. 물론 처음 하는 일이다 보니 방법론도 정립해야 했다. 그렇게 고생하며 십 년 정도가 지나니 일이 익숙해지다 못해 지루해질 정도가 되었다.

그 무렵 LNG를 수입하기만 하던 한국가스공사가 해외자원개발에 직접 착수하게 되었다. 다시 가슴이 뛰기 시작했다. 안전성평가 연구를 맡고 있었지만 마음은 항상 전공인 자원개발을 생각하고 있던 터였다. 자원개발 업무가 회사에 도입됨에 따라 천연가스의 개발과 관련된 연구를 수행하는 부서가 연구원에 만들어졌고, 당연히 팀을 옮겨 자원개발 연구를 진행하게 되었다.

처음 맡은 연구는 우리나라 유일의 가스전인 동해가스전이 수명을 다하는 경우 가스저장시설로 활용할 수 있는가에 대한 연구였다. 국내의 저명한 교수님들과 프로젝트를 진행하다 보니 석사 졸업자로서 실력이 많이 부족하다는 것을 느끼게 되었고 배움에의 열망으로 늦은 나이에 모교의 박사 과정에 진학하게 되었다. 졸업 후 14년 만에 다시 강의실에서 교수님의 수업을 들으며 후배들과 공부하다 보니 학교에 가는 것부터 설레었고 강의와 보고서 제출, 시험까지도 재미있었다. 나의 배움이 현장에서 어떻게 활용되는가를 이미 알고 있으니, 어떻게 공부하는 것이 효과적인지도 파악할 수 있다.

한편, 회사에서는 몽골과의 협력으로 자원개발 프로젝트를 시작하게 되었다. 갈탄을 난방연료로 사용하는 몽골의 수도 울란바토르의 시내 공기는 겨울이 되면 숨을 못 쉴 정도로 매캐해진다. 깨끗한 공기를 위해 가스공사는 몽골의 탄전에 직접 시추를 하여 천연가스를 생산하는 프로젝트의 성공 가능성을 타진하는 연구를 시작하였다.

석탄층 메탄가스라고 하는 이 가스자원은 미국에서는 이미 상용화된 기술로, 지하의 탄광을 굴착하지 않고 바로 시추하기 때문에 탄광 개발로 인한 메탄가스 대기 방출을 억제하는 효과가 있다. 더불어 대기환경도 개선되기 때문에 성공한다면 몽골과 한국 양국이 상생할 수 있는 착한 프로젝트였다. 결국 경제성 문제로 시험생산만 진행하고 완료되어 지금도 매우 아쉽게 생각한다.

몽골의 수도인 울란바토르 근처의 소규모 탄광들은 채탄이 거의 끝났지만 몰래 남은 석탄을 채취해 가는 사람들로 인해 가스폭발사고도 자주 나는 곳이었다. 천연가스를 생산하면 탄광의 가스 폭발사고도 줄어들고 공해 없는 천연가스를 울란바토르의 시민들이 이용할 수 있어 기대효과 면에서 매우 혁신적인 연구였다.

그렇게 한국의 연구진들이 타국에 가서 생산성 평가 연구를 시작했다. 쉽지는 않았다. 말이 안 통하는 나라에서 그 나라의 자원개발법규를 공부하고 인허가를 위해 중앙정부와 지방정부에 각각 협의해야 하고 연구 결과까지 설명해야 했다. 지금 생각하면 어떻게 그 일들을 다 했는지 모르겠다.

현지 가이드와 현장 답사를 하던 중 식사 시간이 지나 무척 배가 고플 때였다. 사막에 식당이 있을 리가 없다. 길도 없는 몽골의 황무지를 오프로드 차로 계속 달리던 중 처음 보이는 인가로 가이드가 불쑥 안내해 들어가니 집주인이 손님을 위해 우리로 치면 수제비 고깃국을 대접해 주는 것이었다. 처음 보는 나그네를 위해 끼니때가 아닌데도 식사를 준비해 주던 그들의 인정을 지금도 잊을 수 없다. 가지고 있던 작은 기념품을 고마운 점심 대접에 대한 선물로 주었던 것 같다.

## 소통과 화합으로 성공을 거둔
## 인도네시아 연구프로젝트

몽골에서의 프로젝트를 종료하고 다음 단계로 인도네시아 현지에서 연구프로젝트를 시작하게 되었다. 국내의 중소기업들과 협업하여 해외 자원개발의 기술력을 높이고자 하는 것이 주목적이었다. 인도네시아는 알다시피 석탄, 석유, 가스 등 지하자원의 보고이다. 인도네시아 정부의 허락을 받고 보르네오섬의 인도네시아 이름인 칼리만탄으로 건너가 연구를 시작했다. 그런데 그곳은 몽골과는 비교도 안 되는 난관이 잔뜩 도사리고 있었다. 바로 열대밀림 지역이라는 것과 우기가 있다는 자연환경이었다.

몽골에서는 사방 시야가 닿는 곳에 눈을 가리는 것이 아무것도 없는 평원이라 도로도 따로 필요 없고 시추장비를 옮기는 데 별도의 작업이 필요 없었지만, 인도네시아의 밀림 지역에서는 물류·장비를 이송하기 위한 도로를 별도로 만들어야 했고 대형 장비를 세팅하기 위해 밀림을 벌목하고 늪지에 가까운 땅을 보강하기 위한 작업을 해야 했다. 물론 주관기관이 직접 하는 역무는 아니었지만 과제책임자로서 이런 상황들을 보고받고 과제의 참여기관들과 힘을 합쳐 문제를 해결해 나갔다.

결국 연구는 성공을 거두었으며 나름대로 노력에 대한 보상도 받았다. 연구개발 실적이 좋다고 우수과제로 선정되어 칭찬도 받았고 개인적으로는 산업부에서 주는 표창도 받았다. 성공의 주된 이유는 연구팀들과의 소통과 화합이었던 것 같다. 주관기관 책임자로서 참여기관들의 어려운 점을 같이 들어 주고 해결 방법을 고민하고 애썼던 것이 연구가 원활하게 끝났던 이유가 아닐까 생각한다.

전해 들은 민원 중 황당한 사건도 있었다. 그중 하나는 우리 작업자에게 인도네시아 전통 칼을 들고 와서 돈을 달라고 협박하는 원주민 사건이었다. 그 칼은 사실 흉기는 아니고 밀림에서 길을 내는 용도로 성인 남자들이 들고 다니는 칼이었는데, 결국은 주변의 주민들에게 물건을 구입한다든지 식사를 사 먹는 정도로 해결할 수 있었다. 이 밖에도 고생이 많았지만 그 또한 쉽게 할 수 없는 경험이었기에 소중한 기억으로 남아 있다.

실험실에서의 연구는 힘든 일이지만 나의 통제 범위 내에서 진행된다. 내가 설정한 변수와 환경 안에서 내가 의도한 목적의 실험을 한다. 문제가 생겨도 원인을 알기 때문에 해결이 가능하다. 하지만 현장과 직접 연결되는 연구는 내 의지와 상관없이 위와 같은 예측 불가능한 수많은 일들이 일어난다. 이것을 통제하고 해결하는 것은 정말 쉽지 않다. 그러나 도저히 풀 수 없을 것만 같았던 문제들이 참여자들의 협력으로 하나하나 해결되는 것을 결국은 확인하게 되었다.


## 꿈꾼 만큼 만들어지는 내 모습

국제가스연맹이라는 단체가 있는데, 회사의 추천을 받아 자원개발 분야의 전문위원으로 활동하고 있다. 러시아의 가즈프롬, 중국의 CNPC, 말레이시아의 페트로나스, 프랑스의 토탈, 노르웨이의 에퀴노르 등 주로 국영 가스회사들이 그 회원사이다. 한국은 가스공사가 회원

IGU 분과위원회 위원들과 함께 2015 중국 항저우에서

사로 있다. IGU에서는 회원사의 전문위원들이 참여하여 국제가스산업의 발전을 위하여 연구 활동을 진행하며 삼 년에 한 번씩 연구보고서를 발간한다.

멤버들과는 연구 활동의 일환으로 일 년에 두 번씩 함께 모여 워크숍을 진행하고 있다. 처음 만났을 때는 서먹했지만 해를 더할수록 친밀한 사이가 되어 이제는 정말 가족의 안부를 물어보고 걱정해 주는 친한 친구가 된 듯하다. 2015년에 시작해서 2018년 연임을 통해 벌써 두 번째 임기로 활동하고 있다.

올해 3월에 콜롬비아에서 열릴 예정이던 이번 위원회는 코로나로 인해 취소되었고 9월 회의도 마찬가지로 취소되었다. 무엇보다 분과위원회 친구들의 안부가 걱정되는데, 다시 이들과 만날 날이 언제일지는 알 수 없는 일이다. 전 세계가 겪고 있는 코로나 시대의 현실이므로 이메일을 통해서나 잘 지내고 있는지 확인해 볼까….

조용한 연구실에서 생각해 본다. 철부지 중학생 시절, 실험실의 퀴리 부인을 상상하지 않았더라면 내가 과연 지금의 모습으로 살고 있을까? 막연한 꿈이었지만 꿈꾸었던 만큼 지금 나의 모습이 만들어진 것 아닐까?

이 책을 읽는 여러분께도 감히 말씀드린다. 열심히 꿈꾸고 목표를 향해 꿈을 잊지 말고 도전하라고. 그리하면 어느덧 목표에 도착해 있는 자신의 모습을 발견할 것이라고.

꿈이라고 생각했던 길, 어느덧 내가 그 길을 가고 있었다.